TOEIC®L&Rテスト
飛躍のナビゲーター
Part 5-6

大里秀介 著

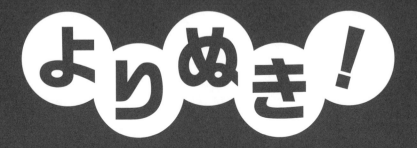

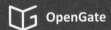 OpenGate

はじめに

　この度、濵﨑潤之輔さんとよりぬきシリーズを出版させていただくことになり Part 5, 6 を担当させていただきました。

　Part 5, 6 に関する本は、巷にはたくさん出ていますが、今回は少し趣向を変えて、これまでの受験経験や頻出かつ、「730 点、800 点以上を目指す人が思わず間違ってしまう」「うーんと迷ってしまう」問題のみにターゲットを絞り、その部分を集中的に学習して、スコアをグーンと伸ばそう！というコンセプトで作成しております。そのため、全てのジャンルというよりは、ひょっとしたら「あ、こういう問題以前間違ったような…」というデジャヴや苦い思い出を感じ取るかもしれません。そうすれば、私の作戦通りです。

　本書はたくさんの問題を解くよりも、1 つの問題についてどんなポイントでどのように解くか、解いた後どのように復習をして克服するか、という視点で、解いた後に復習ができることも念頭に置きながら、『よりぬき』した問題を個人学習で深く学べるように作られています。1 問 1 問に接しながら、自分の弱点・つまずき箇所を体感し克服することで、いろいろな気づきが得られると思いますし、本書をやり終えて、「またひとつレベルが上がったな」と思うことができると思います。またすでに高得点を取得している方でも、落とし穴ポイントがここだったか！と思わせる問題も入れてありますので、じっくり取り組むもよし、力試しで一気に解くもよし、レベルに応じていろいろな使い方ができると思います。特に問題ごとに解くべき時間の指標や解答アプローチが書いてありますので、間違った問題、あやふやで自信がない問題に絞って解き方を修正してもよいかもしれません。

　学習している皆さんは、学生・社会人等、いろいろな方がいらっしゃると思いますし、これまでの英語学習バックグラウンド等が異なるため、当然得手不得手の箇所は 1 人ひとり異なるものと思っています。そのため、本書の『よりぬいた』問題を通じて、レベルアップのためのコツをつかんでいただければと思います。

　本書を通じて、多くの方が Part 5, 6 のスコアアップにつなげていただき、夢がかなえられますことを心より願っております。

2020 年 9 月　大里秀介

3

CONTENTS

Chapter

1

よりぬき！テスト

問題

解答一覧

解説

Chapter

2

Part 5, 6の概要・攻略法＆トレーニング

Chapter

3

確認テスト

TOEIC® L&R テストについて

TOEIC とは、Test of English for International Communication の略称で、英語を母国語としない人を対象とした、英語によるコミュニケーション能力を測定するテストです。アメリカの非営利機関 ETS（Educational Testing Service）が開発・制作しています。世界各国で実施されており、日本では年間 200 万人以上が受験しています。L&R は Listening and Reading の略で、英語で「聞く」「読む」力を測ります。

◎年10回、全国約80都市で実施されます
◎テストはすべて英文で構成されています
◎解答方法は全問マークシート方式です
◎合格・不合格ではなく、10〜990点のスコアで評価されます

L&R テストはリスニングセクションとリーディングセクションの2つで構成されており、途中休憩なしの2時間で Part 1 から Part 7 まで全200問を解答します。

Listening （約45分間・100問）	Part 1	写真描写問題	6問
	Part 2	応答問題	25問
	Part 3	会話問題	39問
	Part 4	説明文問題	30問
Reading （75分間・100問）	Part 5	短文穴埋め問題	30問
	Part 6	長文穴埋め問題	16問
	Part 7	読解問題	54問

申し込み方法等、受験に関する詳細は公式サイトをご覧ください。

● 一般財団法人 国際ビジネスコミュニケーション協会（IIBC）TOEIC 公式サイト
https://www.iibc-global.org/toeic.html

● 問い合わせ先

IIBC 試験運営センター

〒100-0014

東京都千代田区永田町 2-14-2　山王グランドビル

電話：03-5521-6033　FAX：03-3581-4783

（土・日・祝日・年末年始を除く 10：00〜17：00）

名古屋事務所

電話：052-220-0286

（土・日・祝日・年末年始を除く 10：00〜17：00）

大阪事務所

電話：06-6258-0224

（土・日・祝日・年末年始を除く 10：00〜17：00）

Part 5 基本情報と特徴

短文穴埋め問題。

設問は No. 101〜130 まで、合計 30 問出題されます。

短い文に空所があり、その空所を入れるのに最適な語を 4 つの選択肢から選び解答用紙にマークします。

Part 5 の特徴

Part 5 の問題は『文法問題』、『語彙問題』の 2 種類に分かれます。

■ 文法問題

文法的に適切なものを選びます。主に次の文法が問われます。

① 品詞
② 動詞の形
③ 代名詞
④ 接続詞
⑤ 限定詞
⑥ 比較
⑦ 関係詞
⑧ その他

■ 語彙問題

選択肢には、意味の異なる同じ品詞が並んでいて、文中の意味を取って適切なものを選びます。

Part 6 基本情報と特徴

テスト形式

長文穴埋め問題。

設問は No. 131〜146 まで、合計 16 問出題されます。

100-120 語ほどの短めの文書の形になっているものに 4 つの空所があり、それぞれの空所に合うものを選択肢から選びます。

Part 6 の特徴

Part 6 の問題は、Part 5 と同様に文法を問う問題、語彙を問う問題があり、その文だけを見て解けるものと、前後の文脈を理解しないと解けないものがあります。その他、空所に入る文を選択するという問題が、Part 6 では出題されます。

それぞれの Part について、さらに詳しい内容は Chapter 2 でご紹介します。

＊本書では、Part 5、Part 6 のどちらも No.1 から問題をスタートしています。

本書の構成と使い方

■ 本書の構成

本書では、TOEIC® L&R テスト Part 5, 6 の解答スピード、スコアアップを目指すための「解き方」や「トレーニング」を以下の流れに従って学習します。

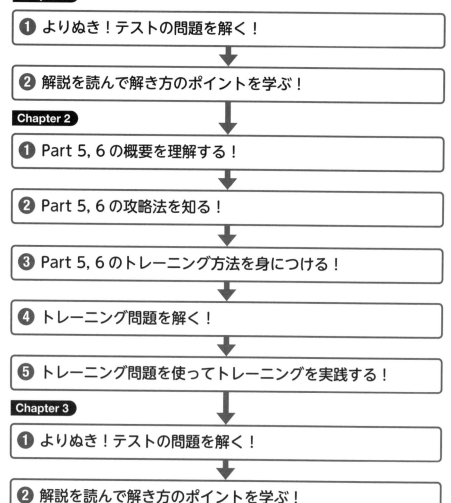

Chapter 1

❶ よりぬき！テストの問題を解く！

❷ 解説を読んで解き方のポイントを学ぶ！

Chapter 2

❶ Part 5, 6 の概要を理解する！

❷ Part 5, 6 の攻略法を知る！

❸ Part 5, 6 のトレーニング方法を身につける！

❹ トレーニング問題を解く！

❺ トレーニング問題を使ってトレーニングを実践する！

Chapter 3

❶ よりぬき！テストの問題を解く！

❷ 解説を読んで解き方のポイントを学ぶ！

Chapter 1

最初に、Part 5：30問、Part 6：3セット（12問）、全42問の「よりぬき！テスト」
を解き、解説を確認します。
この「よりぬき！テスト」は、TOEICスコア500〜730点レベルの学習者が間違え
やすい問題を、データを基に分析・厳選しています。

Chapter 2

【Part 5, 6の概要】
Part 5, 6で出題される問題タイプ等、概要を掴みます。

【Part 5, 6の攻略法】
Part 5（30問）を10分、Part 6（16問）を8分で解答するためのタイムマネジメ
ントや、問題タイプごとの攻略法を学習します。

【スコア飛躍のトレーニング】
Part 5, 6のトレーニング方法を学び、「よりぬき！テスト」の問題・解説を使って
シミュレーションします。本書では、学んだトレーニング方法をすぐに始めやすい
ような素材をご用意しています。

【トレーニング問題・解説】
「問題を解く→解いた問題と解説を使ってトレーニングする」という流れを実践しま
す。
Part 5：20問、Part 6：3セット（12問）、全32問です。

Chapter 3

Chapter 1の「よりぬき！テスト」と同様、全42問の「確認テスト」を解き、解説
を確認します。Chapter 1で間違えたタイプの問題を、Chapter 2のトレーニング
を実践したことで克服できているか、チェックしましょう。
間違えてしまったタイプの問題は、くり返しトレーニングに取り組んでください。

■ マークシートの使い方

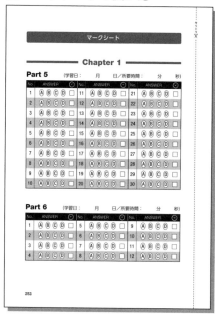

Part 5, 6 を目標解答時間内に解き終えられるかどうかが、リーディングセクション全体のスコアアップのポイントです。

本書のマークシートには、解答欄の横にチェックボックスがあります。目標解答時間以上に時間がかかった問題はチェックをつけてください。(きちんと時間を計ってもいいですし、はじめは体感でも OK です)

チェックがついている問題は特にしっかりトレーニングしましょう。

■ Chapter 1, 3

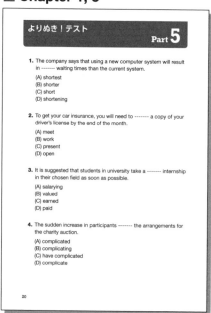

◎問題ページ

「よりぬき!テスト」「確認テスト」は Part 5:30 問、Part 6:3 セット(12 問)、全 42 問です。

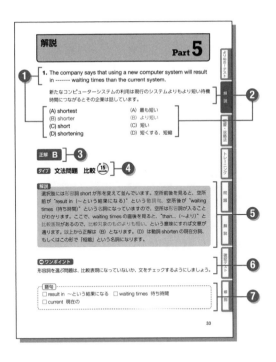

◎解説ページ

❶ 問題・選択肢を再掲しています

❷ 問題・選択肢の和訳

❸ 正解

❹ 問題タイプ・目標解答時間
Chapter 2「Part 5, 6 攻略法」で目標解答時間の詳細を紹介しています。

 5-10 seconds   10 seconds

（15 seconds）15 seconds   （25 seconds）25 seconds

（30 seconds）30 seconds   （60 seconds）60 seconds

❺ 解説
正解を選ぶときの考え方や他の選択肢がなぜ当てはまらないのか等、詳しく説明しています。青字は Chapter 2 の解説穴埋めで空所になっている部分です。Chapter 2、Chapter 3 の解説も、ポイントになる部分を青字にしているので、トレーニングの際に参考にしてください。

❻ ワンポイント（Part 5 のみ）
引っ掛かりやすい箇所、覚えておくべき表現等、他の問題を解く際にも役立つポイントを紹介しています。

❼ 語句
ハイスコアを目指すために覚えておくべき語句をピックアップしています。

■ Chapter 2

「3. スコア飛躍のトレーニング」では、ナビゲーションに従って学習をすすめていくと、トレーニングを一巡できる構成になっています。

トレーニング内容は次のとおりです。

・問題タイプを見極める
・自分で解説してみる
・文章を読み直す
・語句を確認する
・選択肢なしの穴埋め問題を解く（Part 5 のみ）
・文選択問題の文脈の根拠になる文章を再確認する（Part 6 のみ）

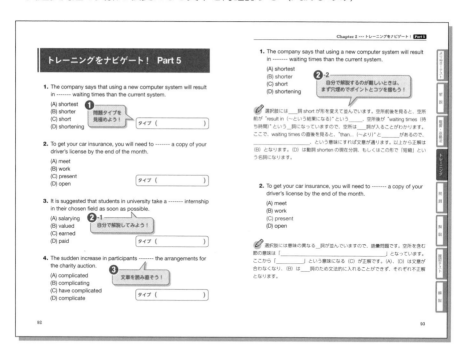

「よりぬき！テスト」の問題と選択肢を再掲しているので、「問題タイプの見極め」「自分で解説」「文章読み直し」を行います。

「自分で解説」は慣れていないとハードルが高いと思います。本書では「よりぬき！テスト」の解説に空所を作って、まずは穴埋め形式から始められるようになっています。

最初の4問はすぐに穴埋めを確認できるように解説を再掲しています。5問目以降は「よりぬき！テスト」解説の青字で空所の答えを確認しましょう。

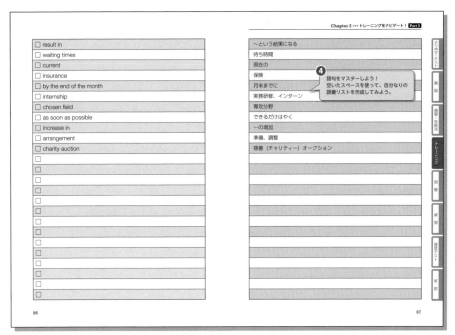

☐ result in	〜という結果になる
☐ waiting times	待ち時間
☐ current	現在の
☐ insurance	保険
☐ by the end of the month	月末までに
☐ internship	実務研修、インターン
☐ chosen field	専攻分野
☐ as soon as possible	できるだけはやく
☐ increase in	〜の増加
☐ arrangement	準備、調整
☐ charity auction	慈善（チャリティー）オークション
☐	
☐	
☐	
☐	
☐	
☐	
☐	
☐	
☐	
☐	
☐	

語句をマスターしよう！
空いたスペースを使って、自分なりの語彙リストを作成してみよう。

次に「語句の確認」を行います。きちんと覚えられたかどうかをチェックしやすいように、左ページに英語、右ページに日本語という形にしています。空いている欄には、解説でピックアップしている語句以外で知らなかった単語や覚えておきたい単語を書き込んでください。

巻末に空欄だけの語句チェック表を用意しているので、Chapter 2、Chapter 3の語句を覚えるときにお役立てください。

6 選択肢なしの穴埋めにチャレンジしよう！

1. The company says that using a new computer system will result in ------- waiting times than the current system.

2. To get your car insurance, you will need to ------- a copy of your driver's license by the end of the month.

3. It is suggested that students in university take a ------- internship in their chosen field as soon as possible.

4. The sudden increase in participants ------- the arrangements for the charity auction.

5. The inspection of the factory found all systems were in good working -------.

6. ------- the employees understood that the safety training was necessary, they wondered if it would ever be useable in real life.

7. The new supermarket is in a very convenient location directly ------- the mall.

8. ------- few people completed this year's survey due to the lack of funds.

118

【Part 5 のみ】
「選択肢なしの穴埋め」に取り組みやすいように、選択肢をカットした問題を再掲しています。文法や文の意味をきちんと理解できていないと難しいですが、確実に力がつくトレーニングなので、ハイスコアを取りたい方はぜひ挑戦しましょう。

No.1
Questions 1-4 refer to the following e-mail.

To: serena-tatler75@goojoomail.com
From: roberts_p@swingfast-realtors.com
Date: January 10
Subject: Rental contract

Dear Ms. Tatler,

Thank you for viewing the vacant apartment on Grenadier Road with me yesterday. -------. I am pleased to inform you that he can
1.
accept a monthly rent of $900, a reduction from the advertised $980. He also agreed to your requested ------- date of January 27.
2.
For this to happen, please sign and send the attached contract. It must reach our office ------- Friday, January 18.
3.

Please note the need for a security deposit, which will be one month's rent. We ------- this to you when you vacate the
4.
apartment, providing there is no damage to the property.

Best regards,

❹ 文章を読み直そう！

Pascal Roberts
Swingfast Realtors

124

【Part 6 のみ】
マーカーの部分は文選択問題の文脈の根拠になる文章（ハンバーガーのパンの部分 *）です。
* 詳しくは P. 89 で解説しています。

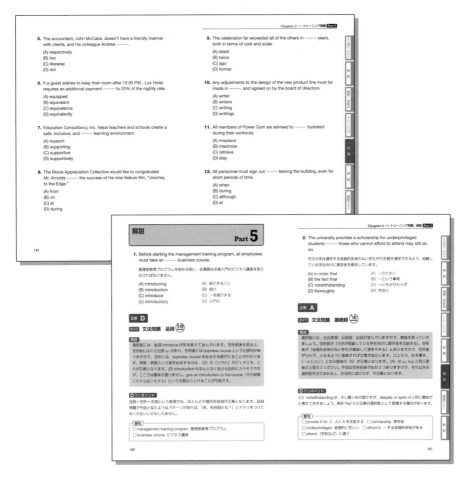

トレーニング方法が身についたら、トレーニング問題と解説（Part 5：20 問、Part 6：3 セット（12 問）、全 32 問）を使って、「問題を解く→解説を確認→トレーニング」という流れを実践しましょう。

Chapter

1

よりぬき！テスト
問題・解説

1. The company says that using a new computer system will result in ------- waiting times than the current system.

(A) shortest
(B) shorter
(C) short
(D) shortening

2. To get your car insurance, you will need to ------- a copy of your driver's license by the end of the month.

(A) meet
(B) work
(C) present
(D) open

3. It is suggested that students in university take a ------- internship in their chosen field as soon as possible.

(A) salarying
(B) valued
(C) earned
(D) paid

4. The sudden increase in participants ------- the arrangements for the charity auction.

(A) complicated
(B) complicating
(C) have complicated
(D) complicate

5. The inspection of the factory found all systems were in good
working -------.

(A) order
(B) orderly
(C) ordered
(D) ordering

6. ------- the employees understood that the safety training was
necessary, they wondered if it would ever be useable in real life.

(A) Because of
(B) If not
(C) While
(D) Provided that

7. The new supermarket is in a very convenient location directly
------- the mall.

(A) opposite
(B) across
(C) away
(D) near

8. ------- few people completed this year's survey due to the lack of
funds.

(A) Comparison
(B) Compare
(C) Comparatively
(D) Compared

9. ------- that the team will increase profits this year ignore the fact that the country is in recession.

(A) Expected
(B) Expecting
(C) Expectations
(D) Expectation

10. ------- passengers unable to get a connecting flight in New York must talk to a staff representative.

(A) Each
(B) Little
(C) Those
(D) Whose

11. All salespeople must ------- two sales reports to management by the end of the week if they wish to receive their bonus.

(A) have submitted
(B) be provided
(C) have been concluded
(D) have adopted

12. Sanders Consultancy's goal is to support small businesses in navigating their way ------- the difficulties often associated with the manufacturing process.

(A) because
(B) through
(C) under
(D) between

13. It is essential for visitors to ------- bears and other dangerous animals when visiting Wishew National Park.

(A) take away from
(B) go forward with
(C) stay in from
(D) watch out for

14. Brooks University designed a programming course that has ------- been opened to the public so that anyone can learn for free.

(A) calmly
(B) intentionally
(C) explicitly
(D) affordably

15. Management at Wachstum, Inc. was ------- when they received thousands of applications for the job opening.

(A) overwhelm
(B) overwhelms
(C) overwhelming
(D) overwhelmed

16. Mr. Sanders gave away his personal and financial information on the website -------.

(A) unanimously
(B) unprecedentedly
(C) unknowingly
(D) unevenly

17. WEC TV decided to hire a new financial ------- after the last one reported false data.

(A) developer
(B) ponder
(C) correspondent
(D) sponsor

18. The government must choose with the utmost ------- an appropriate response to the accusations made against them.

(A) bundle
(B) contemplation
(C) care
(D) extent

19. The Krakatoa volcano erupted in 1883, which was the loudest sound ------- recorded by scientists.

(A) ever
(B) entirely
(C) fully
(D) comprehensively

20. Holme Village decided to give ------- to older people who are unable to live independently.

(A) assisting
(B) assisted
(C) assistance
(D) assist

21. To successfully compete in the global marketplace, DF, Inc. will need to ------- a broad network of suppliers around the world.

(A) legitimate
(B) evaluate
(C) process
(D) establish

22. This market report brings together one hundred businesses and suggestions from ------- concerning the future of the construction industry.

(A) president
(B) presidents
(C) presidency
(D) presidential

23. According to the Mercury News agency, Jones and Son, Inc. has assured all of their customers that next year's products will be more ------- priced.

(A) competence
(B) competed
(C) competitive
(D) competitively

24. Greenworld Charity has called on ------- to help promote their cause in fighting climate change.

(A) action
(B) actors
(C) act
(D) acted

よりぬき！テスト 解説 概要・攻略法 トレーニング 問題 解説 確認テスト 解説

25. The Football Union has announced that the new tournament is set to ------- next month.

(A) conduct
(B) revoke
(C) commence
(D) cease

26. The new A200 sports car is an ------- choice for those on a budget.

(A) economist
(B) economical
(C) economic
(D) economize

27. Due to the popularity of our new smartphone, the AX10, it has become challenging just finding the phone on display in stores, much ------- purchasing them.

(A) few
(B) less
(C) than
(D) more

28. Business consultancy companies like McCalister Inc. will need to hire ------- if they wish to solve their technical problems.

(A) mechanic
(B) mechanization
(C) mechanical
(D) mechanics

29. With the rapid proliferation of the Internet, there has been a significant reduction ------- the use of public libraries.

(A) at
(B) towards
(C) in
(D) onto

30. T & S Inc. requests that each employee ------- with the standards set out in our working conditions policy.

(A) comply
(B) complies
(C) compliance
(D) complying

No.1

Questions 1-4 refer to the following e-mail.

To: serena-tatler75@goojoomail.com

From: roberts_p@swingfast-realtors.com

Date: January 10

Subject: Rental contract

Dear Ms. Tatler,

Thank you for viewing the vacant apartment on Grenadier Road with me yesterday. -------. I am pleased to inform you that he can
1.
accept a monthly rent of $900, a reduction from the advertised $980. He also agreed to your requested ------- date of January 27.
2.
For this to happen, please sign and send the attached contract. It must reach our office ------- Friday, January 18.
3.

Please note the need for a security deposit, which will be one month's rent. We ------- this to you when you vacate the
4.
apartment, providing there is no damage to the property.

Best regards,

Pascal Roberts

Swingfast Realtors

1. (A) I am afraid it has already been oversubscribed.
(B) I discussed your offer with the landlord.
(C) I can meet you at the building entrance.
(D) My friend and I are narrowing down its list of candidates.

2. (A) spending
(B) meeting
(C) arriving
(D) moving

3. (A) by
(B) from
(C) until
(D) at

4. (A) will have returned
(B) will return
(C) are returning
(D) were returned

No. 2

Questions 5-8 refer to the following advertisement.

FlyRight Airport Lounges makes it easy for business travelers
------- their trip off to a relaxing start. Wave goodbye to -------
  5.   **6.**
departure areas and step into a calm, tastefully decorated lounge
without the need for a business class ticket. For a monthly
membership fee of $45, our network of lounges in major US airports
is open to you. -------. Each branch is equipped with wireless
                    7.
Internet, ------- own self-service beverage bar, and shower facilities.
          8.
Go to www.flyrightlounges.com today to see a better way to travel.

5. (A) that get
(B) to get
(C) gets
(D) have gotten

6. (A) modernized
(B) reserved
(C) unexpected
(D) crowded

7. (A) We understand it can be challenging to catch early flights.
(B) You can get even cheaper access by opting for an annual deal.
(C) That is why your security is our top priority.
(D) The Chicago branch is due to open on May 1 with extra facilities.

8. (A) it
(B) you
(C) its
(D) your

No.3

Questions 9-12 refer to the following article.

February 12: Software development firm Reeder Associates has announced a program of summer internships for college students. There will be ten places available for students currently in the third year of a science, technology or engineering major. -------. In the
9.
recent past, certain companies ------- of using unpaid internships
10.
for their own benefit and not for the students'. Reeder Associates has responded to these concerns by ensuring that each participant receives a generous ------- and practical work experience. -------,
11.   12.
the company has stated that it aims to hire at least some of the interns once they have graduated.

9. (A) Some people have
questioned the value of
such programs.
(B) Applying for a place is
not entirely
straightforward.
(C) There tend to be few
female students in these
subjects.
(D) The company specializes
in solutions for small and
medium enterprises.

10. (A) are accusing
(B) accuse
(C) have been accused
(D) had accused

11. (A) reference
(B) negotiation
(C) portion
(D) allowance

12. (A) Furthermore
(B) Regardless
(C) Otherwise
(D) Comparatively

Part 5	正答	解答時間
1	B	②
2	C	③
3	D	③
4	A	②
5	A	③
6	C	③
7	A	③
8	C	①
9	C	①
10	C	②
11	A	③
12	B	③
13	D	③
14	B	③
15	D	②
16	C	③
17	C	③
18	C	③
19	A	③
20	C	①
21	D	③
22	B	③
23	D	①
24	B	①
25	C	③
26	B	③
27	B	②
28	D	③
29	C	③
30	A	②

Part 6	正答	解答時間
1	B	③
2	D	②
3	A	①
4	B	②
5	B	①
6	D	①
7	B	③
8	C	①
9	A	③
10	C	①
11	D	②
12	A	②

解答時間一覧

Part 5	Part 6
① 5-10 seconds	① 10 seconds
② 15 seconds	② 25 seconds
③ 30 seconds	③ 60 seconds

1. The company says that using a new computer system will result in ------- waiting times than the current system.

新たなコンピューターシステムの利用は現行のシステムよりもより短い待機時間につながるとその企業は話しています。

(A) shortest
(B) shorter
(C) short
(D) shortening

(A) 最も短い
(B) より短い
(C) 短い
(D) 短くする、短縮

正解 B

タイプ 文法問題　比較 (15 seconds)

解説

選択肢には形容詞 short が形を変えて並んでいます。空所前後を見ると、空所前が "result in（〜という結果になる）" という動詞句、空所後が "waiting times（待ち時間)" という名詞になっていますので、空所は形容詞が入ることがわかります。ここで、waiting times の直後を見ると、"than...（〜より）" と比較表現があるので、比較対象のものよりも短い、という意味にすれば文意が通ります。以上から正解は (B) となります。(D) は動詞 shorten の現在分詞、もしくはこの形で「短縮」という名詞になります。

ワンポイント

形容詞を選ぶ問題は、比較表現になっていないか、文をチェックするようにしましょう。

語句
☐ result in 〜という結果になる　☐ waiting times 待ち時間
☐ current 現在の

2. To get your car insurance, you will need to ------- a copy of your driver's license by the end of the month.

車両保険に加入するには、月末までに自動車免許証の写しを提示する必要があります。

(A) meet
(B) work
(C) present
(D) open

(A) （〜に）会う
(B) 働く
(C) 〜を提示する
(D) 〜を開ける、開く

正解 **C**

タイプ 語彙問題 30 seconds

解説

選択肢には意味の異なる動詞が並んでいますので、語彙問題です。空所を含む節の意味は「月末までに自動車免許証の写しを（　　　）する必要がある」となっています。ここから「〜を提示する」という意味になる (C) が正解です。(A)、(D) は文意が合わなくなり、(B) は自動詞のため文法的に入れることができず、それぞれ不正解となります。

ワンポイント

"present" は日本語だと、「贈呈する」と贈り物をあげるようなイメージで覚えている方が多いと思いますが、ここでは「〜を示す、提示する」という意味で使われています。TOEIC ではよく狙われるので押さえておきましょう。

語句
□ insurance 保険　□ by the end of the month 月末までに

3. It is suggested that students in university take a ------- internship in their chosen field as soon as possible.

大学の学生たちはできるだけ早急に専攻した分野で有給の実務研修に取り組むよう推奨されています。

(A) salarying
(B) valued
(C) earned
(D) paid

(A) salary（～に給料を払う）の分詞
(B) 貴重な
(C) 得られた、利益のある
(D) 有給の

正解 **D**

タイプ **語彙問題** 30 seconds

解説

選択肢には、意味の異なる現在分詞もしくは過去分詞が並んでいます。空所前後は、「（　　　）の実務研修に取り組む」という意味なので、空所は internship を修飾することがわかります。ここから「有給の」を入れると意味が通りますので、正解は (D) となります。他の選択肢は文意が合わず、不正解となります。(A) は salaried とすると、(D) 同様「有給の」という意味になります。

◆ワンポイント

a paid internship (training) は、「給料が支払われる研修」という意味で、よく用いられますので、すぐに浮かんでこなかった場合はチェックしておきましょう。

語句
☐ internship 実務研修、インターン　☐ chosen field 専攻分野
☐ as soon as possible できるだけはやく

4. The sudden increase in participants ------- the arrangements for the charity auction.

参加者の突然の増加で慈善オークションの準備が困難になりました。

(A) complicated
(B) complicating
(C) have complicated
(D) complicate

(A) 〜を困難にした
(B) 複雑な
(C) 〜を困難にする
(D) 〜を困難にする

正解 **A**

タイプ **文法問題　動詞の形**

解説

選択肢には、complicate（動詞：〜を複雑・困難にする、形容詞：複雑な）が形を変えて並んでいます。文全体を見ていくと、主語が"The sudden increase"、目的語が"the arrangements"となっており、空所には述語動詞が入ることがわかります。主語を見ると、3人称単数となっているため、それに合う動詞は（A）の過去形のみとなります。

◆ワンポイント

文の構造を見抜くときは、前置詞＋名詞の「前置詞句」にカッコをつけて省略してみましょう。そうすると、今回の文は The sudden increase ------- the arrangements. となり、動詞が選びやすくなります。また動詞を選ぶ際は、「主語の数」「時制」「態（能動か受動か）」に注目すると必ずヒントが出てきます。

語句
□ increase in 〜の増加　□ arrangement 準備、調整
□ charity auction 慈善（チャリティー）オークション

5. The inspection of the factory found all systems were in good working -------.

工場の点検で全てのシステムが適切に運転できる状態にあることがわかりました。

(A) order
(B) orderly
(C) ordered
(D) ordering

(A) 秩序ある状態
(B) 秩序ある
(C) 正しく並べられた
(D) 秩序化

正解 **A**

タイプ **文法＋語彙問題　品詞** (30 seconds)

解説

選択肢には、order が形を変えて並んでいます。空所前には"in good working ------- (適切に運転できる（　　　　）)"と空所を形容する表現が入っていますので、名詞の (A) が正解となります。"in working order"で「正常に使える（秩序ある）状態」という意味になります。(D) も名詞の意味ですが、「秩序化、順序付け」という意味になりますのでここでは不正解です。

⊙ワンポイント

"in working order"はコロケーション（語のよい組み合わせ）でよく登場しますので、丸ごと覚えておきましょう。ちなみに、反対の意味となる"out of order（故障中）"という表現も、TOEIC や英語表現としてよく用いられるので押さえておきましょう。

語句
□ inspection 点検、調査

6. ------- the employees understood that the safety training was necessary, they wondered if it would ever be useable in real life.

従業員たちは安全訓練が必要だと理解していたものの、そもそもそれが実生活で使えるのか疑問に思いました。

(A) Because of
(B) If not
(C) While
(D) Provided that

(A) 〜のために
(B) もしそうでないなら
(C) 〜ではあるものの
(D) もし〜ならば

正解 C

タイプ 文法問題 接続詞

解説

選択肢には、様々な接続表現が並んでいます。文全体の意味は、「従業員たちは安全訓練が必要だと理解していた（　　　）、実生活で使えるのか疑問に思った」となっています。ここから、訓練が必要だと理解していたけれども、と譲歩の意味を表す接続表現が入ると文意が成立します。以上より正解は (C) となります。(A) は、節 (SV) を導くことができず文法が成立しません。(B)、(D) は意味が成立しなくなるため不正解となります。

⊙ワンポイント

接続詞 "while" は、期間 (〜している間) の意味と、今回のように譲歩 (〜だけれども) の意味も持ちます。今回の場合は、although とほぼ同じ意味だと捉えてください。また Provided that SV、という表現も難易度が高い文法問題として時折出現します。この場合は Provided that=If というように簡略的にとらえておくと素早く問題を処理できます。

語句
☐ wonder if 〜ではないかと思う　☐ ever いったい

7. The new supermarket is in a very convenient location directly
------- the mall.

新しいスーパーマーケットはモールのちょうど向かい側のとても便利な立地
にあります。

(A) opposite
(B) across
(C) away
(D) near

(A) 〜の向かい側に
(B) 〜を横切って
(C) 離れて
(D) 〜の近くに

正解 A

タイプ 語彙問題 （30 seconds）

解説

選択肢には、前置詞、副詞が並んでいます。文の意味を取っていくと、「スー
パーがモールのちょうど（　　　）にある」とあるので、「〜の向かい側に」と
いう意味を持つ (A) が正解となります。同じような意味で (B) も正解に見え
るのですが、この語は一語で「横切って」という意味になり、「〜の向かい側に」
にするには"across from"という表現にする必要があります。また directly と
いう副詞があることから、(C)(D) も意味が通じず不正解となります。

⇨ワンポイント

前置詞"opposite"＝"across from"と覚えておきましょう。

語句
□ convenient 便利な

8. ------- few people completed this year's survey due to the lack of funds.

資金不足のせいで、今年の調査を終わらせた人は比較的少数でした。

(A) Comparison   (A) 比較
(B) Compare   (B) 比較する
(C) Comparatively   (C) 比較的
(D) Compared   (D) 比較した

正解 **C**

タイプ **文法問題 品詞** (5-10 seconds)

解説

選択肢には、動詞 compare（～を比較する）が形を変えて並んでいます。空所が文頭となっているので、文全体を見てみると、「資金不足のせいで今年の調査を終えた人はほとんどいなかった」と、空所があってもなくても文が成立していることがわかります。ここから、文の構造はすでにでき上がっているため、空所には副詞が入ります。以上から（C）が正解となります。今回の場合、この空所は few を修飾し、「今までと比較すると少ない」という意味となります。

⟳ ワンポイント

品詞問題では、空所がなくても文自体が完成していれば、副詞が入ります。

語句
□ due to ～が原因で   □ lack 不足、欠乏   □ fund 資金

9. ------- that the team will increase profits this year ignore the fact that the country is in recession.

本チームが今年の利益を向上させるという予想は、その国が不景気にある事実を無視しています。

(A) Expected
(B) Expecting
(C) Expectations
(D) Expectation

(A) 予想される
(B) 予想している
(C) 予想
(D) 予想

正解 **C**

タイプ **文法問題　品詞** (5-10 seconds)

解説

選択肢には、動詞 expect（〜を期待する）が形を変えて並んでいます。空所が文頭にありますので、文の構造を見ていきましょう。空所の次に that 以下「チームが今年の利益を上げるだろう」とあり、その後述語動詞 ignore と目的語に相当する the fact が続いています。ここから文の構造として「主語となる名詞（＋接続詞 that SV）、述語動詞 ignore、目的語 the fact（＋接続詞 that SV）」という関係が見えますので、空所には名詞が入ることがわかります。そして述語動詞が ignore となっていることから、主語は複数を示す（C）が正解となります。

⊙ワンポイント

今回は空所、the fact ともに、that 節があり、SV と文の形をとっていたため、文の構造を見抜くのが難しい問題でしたね。このような同格の that（＝名詞　that SV で、S が V であるという名詞）を見抜くのは時折難易度が高くなりますので、しっかり文の構造を見るクセをつけましょう。

語句
□ profit 利益　□ ignore 〜を無視する　□ recession 不景気、景気後退

よりぬき！テスト

解説

概要・攻略法

トレーニング

問題

解説

確認テスト

解説

10. ------- passengers unable to get a connecting flight in New York must talk to a staff representative.

ニューヨークで接続便に乗ることのできないそうした乗客は係員と話さなければなりません。

(A) Each	(A) それぞれの
(B) Little	(B) ほとんどない
(C) Those	(C) それらの
(D) Whose	(D) 誰の

正解 C

タイプ 文法問題 代名詞 15 seconds

解説

選択肢には、代名詞等さまざまな語が並んでいます。空所は文頭ですが、空所直後の passengers（乗客）は可算名詞で複数を示すので、単数を導く (A)、不可算名詞の程度を表す (B) を入れることはできません。次に、文意をとっていくと、「接続便に乗ることができない（　　）乗客は、係員と話す必要がある」と、一定条件のある乗客を指すことがわかりますので、ここから複数の可算名詞を導く (C) が正解だとわかります。(D) は、所有格の疑問詞でも関係詞でも、ここでは文法的に成立しないため不正解となります。

ワンポイント

今回の文の構造は、主語：passengers, 述語動詞：must talk to 目的語：a staff representative と第3文型になっています。unable 以降は主語を修飾した形で passengers (who are) unable to...とカッコ内が省略されていると考えると、文の構造がとりやすくなるでしょう。

語句

□ a connecting flight　接続便、乗継便
□ staff representative　係員（＝スタッフを代表する人物）

11. All salespeople must ------- two sales reports to management by the end of the week if they wish to receive their bonus.

ボーナスの受け取りを希望する場合、販売員は全員その週の終わりまでに管理者に販売報告書を2点提出したはずです。

(A) have submitted
(B) be provided
(C) have been concluded
(D) have adopted

(A) 〜を提出していた
(B) 提出された
(C) 含まれていた
(D) 〜を採用、承認していた

正解 **A**

タイプ **文法＋語彙問題　動詞の形** 🕐 30 seconds

解説

選択肢には、態と意味の異なる動詞が並んでいます。空所前後の意味を取っていくと、「販売員は管理者に報告書を（　　　）していたに違いない」となっていますので、能動態として「〜を提出していた」という意味になる（A）が正解となります。空所直後に目的語がありますので、受動態の（B）は文法上当てはめることができません。同じく受動態の（C）は、文法も文意も合わず不正解です。（D）も、この場面で、報告書を採用、承認したという意味ではつながらないため、不正解となります。

⏎ワンポイント

provide, conclude は、第3文型、すなわち目的語を1つしか取ることのできない他動詞のため、受動態にした場合、直後に目的語を取ることはできません。ちなみに、provide は、provide A with B, provide B to A で「A に B を与える」という意味を持つため、このような前置詞を伴えば、受動態が成立します。

語句
□ management 管理者、幹部　□ bonus 賞与、ボーナス

43

12. Sanders Consultancy's goal is to support small businesses in navigating their way ------- the difficulties often associated with the manufacturing process.

Sanders Consultancy 社の目標は、中小企業が製造工程にしばしば関連する困難を切り抜けて進むサポートを行うことです。

(A) because
(B) through
(C) under
(D) between

(A) なぜならば
(B) 〜を通して
(C) 〜の下に
(D) 〜の間に

正解 B

タイプ 語彙問題 30 seconds

解説

選択肢には、様々な接続詞と前置詞が並んでいますので、意味を取っていきましょう。文意は、「Sanders Consultancy 社の目標は、中小企業が製造工程に関連する困難を（　　　）、進むサポートを行うことだ」とあります。ここから、遭遇する困難を切り抜けるのをサポートする、とすると文意が通ります。以上より、空間や状況を通過していくイメージの前置詞で、「〜を通して、〜を経て」を意味する (B) が正解となります。(A) は接続詞で、節 (SV) を導く必要があるため文法的に当てはまりません。(C) は、トラブルが起きている状況下で、(D) はトラブルとトラブルの間、という意味になり、文意が通らずいずれも不正解となります。

⊕ワンポイント

one's way through で「〜を切り抜け、押し分けて」という熟語がありますので、この知識でも解けますが、前置詞の本来の持つ意味で解説の通り考えれば解くことができます。

┌─ **語句** ─────────────────────────────────
│ □ goal 目標　□ small businesses 中小企業　□ navigate 進む
│ □ difficulty 困難、トラブル　□ associated with 〜に関連した
│ □ manufacturing process 製造工程
└──

13. It is essential for visitors to ------- bears and other dangerous animals when visiting Wishew National Park.

Wishew 国立公園にお越しの際、訪問者はクマやその他の危険な動物に注意することが重要です。

(A) take away from
(B) go forward with
(C) stay in from
(D) watch out for

（A）〜を奪い取る、価値を落とす
（B）〜と共に前に進む
（C）〜から（ある場所に）とどまる
（D）〜に注意する

正解 D

タイプ 語彙問題 30 seconds

解説

選択肢には、様々な動詞句が並んでいます。空所の前後を見てみると、「公園に来る場合は、危険な動物に（　　　）するのが重要」と言っていますので、「注意する」という意味の (D) が正解です。他の選択肢はそれぞれ当てはめてみると、意味が通らずいずれも不正解です。

●ワンポイント

今回のような動詞句の問題は、知識として覚えることもよいですが、動詞の持つ意味と、前置詞のもつイメージを含めて考えてみましょう。(D) であれば、watch out →周囲を見る（watch と out のイメージ）＋対象物を定める（for）のイメージになります。

語句
□ essential 重要だ、不可欠だ　□ visitor 訪問者

14. Brooks University designed a programming course that has ------- been opened to the public so that anyone can learn for free.

Brooks 大学はプログラミングコースを考案し、誰もが無料で学べるよう意図的に一般向けに公開してきました。

(A) calmly
(B) intentionally
(C) explicitly
(D) affordably

(A) 静かに
(B) 意図的に
(C) 明確に
(D) 手頃な価格で

タイプ **語彙問題** (30 seconds)

解説

選択肢には、様々な副詞が並んでいます。文意は、「Brooks 大学がプログラミングコースを考案し、誰もが無料で学べるよう（　　　）一般向けに公開した」とあり、ある目的・意図をもってコース開講したことがわかりますので、その意味に沿う (B) が正解となります。(A) 静かに (C) 明確に (D) 手頃な価格で、はそれぞれ文意に合わず不正解となります。

○ ワンポイント

間違いの選択肢も含め、TOEIC 頻出ですので、しっかり押さえておきましょう。ただし、(C) explicitly は 990 点レベルの難しい語ですので、優先順位は少し下げても構いません。

語句
□ design ～を考案する　□ open to the public 一般公開する
□ for free 無料で

15. Management at Wachstum, Inc. was ------- when they received thousands of applications for the job opening.

Wachstum 社の経営者は求人へ何千もの応募を受け、圧倒されました。

(A) overwhelm	(A) 圧倒する
(B) overwhelms	(B) 圧倒する
(C) overwhelming	(C) 圧倒的な
(D) overwhelmed	(D) 圧倒された

正解 **D**

タイプ **文法問題　動詞の形**

【解説】

選択肢には、動詞 overwhelm が異なる形をとっています。overwhelm は「〜を圧倒する、制圧する」という他動詞です。本文は、空所後が接続詞 when になっており、ここで文が切れることを考えると、空所後に目的語がありませんので、ここでは受け身の形で「(主語) が圧倒された」とすれば文法的に成立します。以上より正解は (D) となります。

【ワンポイント】

動詞問題は、①主語の数→②時制→③態 (能動か受動か) の視点で解きましょう。今回は①は単数、②は過去、③は受動態となり、③の見極めで解けます。また、(C) overwhelming は、「圧倒的な」という形容詞でもよく使われますのでこの点も要チェックです。

【語句】
□ thousands of 何千もの〜　□ application 応募
□ job opening 求人

16. Mr. Sanders gave away his personal and financial information on the website -------.

Sanders 氏は自分の個人情報と財務情報を無意識のうちにそのウェブサイトに漏らしてしまいました。

(A) unanimously
(B) unprecedentedly
(C) unknowingly
(D) unevenly

(A) 全員一致で
(B) これまでになく
(C) 無意識のうちに
(D) 不均一に

正解 C

タイプ 語彙問題 (30 seconds)

解説

選択肢には、様々な副詞が並んでいます。文意は、「Sanders 氏は自分の個人情報と財務情報を（　　　）そのウェブサイトに漏洩させた」とありますので、「無意識に、ついうっかり」を意味する (C) を入れると文意が通り、正解となります。(A) 全会一致で (B) これまでになく (D) 不均一に、はそれぞれ文意に合わず不正解となります。(B) は unprecedentedly high/rapid/large（これまでになく高い、急速な、大きい）といった形容詞を修飾することが多い語です。

→ワンポイント

un- は否定を示す接頭辞ですので、(B) (C) (D) は un をとるとそれぞれ precedentedly「先例のある」、knowingly「故意に」、evenly「均一に」という反対の意味になることも押さえておきましょう。※ unanimously は un のない反意語はありません。

語句
□ gave away 〜を手放す、漏洩させる

17. WEC TV decided to hire a new financial ------- after the last one
reported false data.

WEC TV は前任者が誤ったデータを報道したのを受け、新たな金融特派員を
採用することに決めました。

(A) developer   (A) 開発者
(B) ponder   (B) 熟慮する
(C) correspondent   (C) 特派員
(D) sponsor   (D) 出資者

正解　C

タイプ　語彙問題 (30 seconds)

解説

選択肢には、様々な名詞が並んでいます。文意は、「WEC TV は前任者が誤った
データを報道したのを受け、新たな金融（　　　）を採用することにした」と
あります。ここから、報道に関する仕事をする人が空所に入ることがわかるの
で、正解は報道者、特派員を意味する（C）となります。（A）開発者（D）出資
者、もいずれも人を指す語ですが、報道を担当する人を示すわけではないので
文意に合わず不正解です。（B）は接尾辞が -er となっていますが、「熟慮する」
という自動詞です。

ワンポイント

人を指す語は、-er, -or が語尾にくることが多いですが、今回のようにそうじゃない
形が問われることもあるので注意しておきましょう。

語句
□ hire 雇う　□ financial 金融の、財政の　□ false 誤った

18. The government must choose with the utmost ------- an appropriate response to the accusations made against them.

政府は自身に対する非難への適切な対応を細心の注意を払って選択しなければなりません。

(A) bundle
(B) contemplation
(C) care
(D) extent

(A) 束
(B) 熟慮
(C) 注意
(D) 範囲

正解 **C**

タイプ 語彙問題 30 seconds

解説

選択肢には、様々な名詞が並んでいます。文意は、「政府は非難への適切な対応を細心の（　　）で選択しなければならない」とあります。ここから、「注意、配慮」を意味する (C) が正解となります。(A) 束 (B) 熟慮 (D) 範囲、程度を入れてもここでは意味が通らず不正解となります。(B) contemplation は、with more contemplation（熟慮を重ねて）という意味なら成立しますが、utmost（細心の）という形容表現と結びつきません。

⊙ワンポイント

今回の文の構造は、with the utmost care という前置詞句（前置詞と名詞のカタマリ）をカッコでくくると意味がとりやすくなります。この with (the) utmost care はコロケーションとして有名な表現ですのでまるごと覚えておきましょう。
※ care の代わりに attention も可

┌ **語句** ─────────────────────────────
│ □ utmost 最高の、細心の　□ appropriate 適切な　□ response 反応、返答
│ □ accusation 批判
└──────────────────────────────────

19. The Krakatoa volcano erupted in 1883, which was the loudest sound ------- recorded by scientists.

Krakatoa 火山は 1883 年に噴火しましたが、科学者がこれまで録音した中で最も大きな音でした。

(A) ever
(B) entirely
(C) fully
(D) comprehensively

（A）これまで
（B）全体に
（C）十分に
（D）総合的に

正解 A

タイプ 語彙問題 (30 seconds)

解説

選択肢には、様々な副詞が並んでいます。文意は、「Krakatoa 火山は 1883 年に噴火したが、科学者が（　　　）録音した中で最も大きな音だった」とあります。ここから、「これまで、かつて」を意味する (A) が正解となります。この問題は語彙問題としていますが、文中に "the loudest sound（最大の音）" と最上級が使われていますので、最上級と親和性のある ever を選ぶ、という視点でも構いません。(B) 全体に (C) 十分に (D) 総合的に、はそれぞれ当てはめても意味が通らず不正解となります。

→ ワンポイント

erupt（噴火する）は難しい語ですが、知らない単語に出会った時は、文全体から推測することも大事です。もし erupt がわからなくても、「火山、1883 年に○○した、それは最大の音」→噴火したかな？とある程度文脈から導き出せます。この考えは、長文問題でも役立ちますので、わからなければ文脈から推測してみることをオススメします。

語句
□ volcano 火山　□ erupt 噴火する

51

20. Holme Village decided to give ------- to older people who are unable to live independently.

Holme Village 社は自立して生活するのが困難な高齢者を支援することを決定しました。

(A) assisting
(B) assisted
(C) assistance
(D) assist

(A) 支援している
(B) 支援した
(C) 支援
(D) ～を支援する

正解 **C**

タイプ **文法問題　品詞** (5-10 seconds)

解説

選択肢には、動詞 assist が形を変えて並んでいます。空所前は目的語を取る他動詞 give があり、空所後には前置詞があります。ここから空所には名詞が入ることがわかりますので、(C) が正解です。(A) も動名詞という名詞の役割がありますが、この語を動名詞にすると、直後に目的語に相当する語が必要となります。今回は直後に前置詞 to がありますので、ここでは文法的に成り立たず不正解となります。※ちなみに assisting には形容詞の意味（補助する○○）もありますが、この場合も直後に名詞が必要となります。

→ワンポイント

assist は、「(～を)支援する」という動詞です。日本語の場合、アシスト、と名詞で知られていますが、英語で名詞として用いられる場合は、サッカーのアシスト、野球の捕殺等を示す「助力」の意味で、今回の文脈のような「支援」という意味では用いられませんので、ご注意ください。

語句
□ independently　独立して

21. To successfully compete in the global marketplace, DF, Inc. will need to ------- a broad network of suppliers around the world.

世界市場で優位な競争力を持つために、DF 社は供給業者の幅広いネットワークを世界中に確立する必要があるでしょう。

(A) legitimate
(B) evaluate
(C) process
(D) establish

(A) ～を合法化する
(B) ～を評価する
(C) ～を処理する
(D) ～を確立する

【正解 D】

【タイプ】 **語彙問題** (30 seconds)

【解説】
選択肢には、異なる動詞が並んでいますので意味を取っていきましょう。「世界市場で優位な競争力を持つために、DF 社は供給業者の幅広いネットワークを世界中に（　　　）する必要がある」とありますので、「築く・確立する」という意味となる（D）が正解となります。この問題を解くカギは、冒頭の不定詞の「世界市場で優位な競争力を持つために」という意味を踏まえて空所を入れることです。そういう意味でも、Part 6 のように、少し文脈を意識する必要があります。

【ワンポイント】
今回のように語彙問題は解くカギが必ずあります。おや、どれも当てはまりそうだぞ、という場合は文全体を見ながら手がかりを考えていきましょう。

【語句】
□ global marketplace　世界市場　□ broad　幅広い
□ supplier　サプライヤー、供給業者

22. This market report brings together one hundred businesses and suggestions from ------- concerning the future of the construction industry.

この市況報告は建設業界の未来に関して、100 に及ぶ事業と、会社社長達からの提案をまとめています。

(A) president	(A) 社長
(B) presidents	(B) 社長達
(C) presidency	(C) 社長の地位
(D) presidential	(D) 社長の

正解 **B**

タイプ **文法＋語彙問題　数の一致** 30 seconds

解説

選択肢には、名詞 president が形を変えて並んでいます。空所前後の意味を取っていくと、「建設業界の未来に関して、（　　　）からの提案」という形になっています。ここから、カッコ内は人物を示す名詞が入ることがわかりますので、社長を示す (A)、(B) が候補として絞られます。また、president は「社長」という意味で用いられる場合、可算名詞なので、正解は複数形の (B) となります。

➡ワンポイント

今回は構造を見極めるのが難しかったと思いますが、主語、述語、目的語、前置詞句にカッコやスラッシュを入れて分けると見分けがつきやすいです。
例
This market report / brings together / one hundred businesses / and suggestions / from ------- (concerning the future of the construction industry.)

語句
□ market report 市場に関する報告書　□ bring together 取りまとめる
□ concerning ～に関して、～に関する

23. According to the Mercury News agency, Jones and Son, Inc. has assured all of their customers that next year's products will be more ------- priced.

Mercury 通信社によると、Jones and Son 社は全顧客に対し来年の製品はより競争力のある価格になると保証しました。

(A) competence
(B) competed
(C) competitive
(D) competitively

(A) 能力
(B) 競争した
(C) 競争の激しい
(D) 競争力をもって

正解 **D**

タイプ **文法問題　品詞** (5-10 seconds)

解説

選択肢には、動詞 compete が形を変えて並んでいます。空所前後を見ると、that 節以下が SV の形となっており、will 以下が be more ------- priced「より（　　　）価格付けがされる」と、「価格付けされる」という動詞を修飾する語が空所に入ることがわかります。動詞を修飾するのは副詞なので、(D) が正解となります。

→ ワンポイント

be competitively priced= 価格競争力のある、という表現でビジネスではよく用いられます。ということは TOEIC でも頻出する表現ですので、押さえておきましょう。

語句
□ according to 〜によると　□ assure 〜を保証する

24. Greenworld Charity has called on ------- to help promote their cause in fighting climate change.

Greenworld 慈善団体は気候変動に対して取り組む際の理念の推進に協力するよう俳優に呼びかけています。

(A) action
(B) actors
(C) act
(D) acted

(A) 活動
(B) 俳優
(C) 行動する
(D) 行動した

正解 **B**

タイプ **文法問題　品詞** (5-10 seconds)

解説

選択肢には、動詞 act が形を変えて並んでいます。空所前後を見ると、空所前に call on「〜に呼びかける」という動詞句があり、空所後は to 不定詞で「気候変動に対して取り組む際の理念の推進に協力するよう」と呼びかける目的が書かれています。ここから、呼びかける対象は人だとわかりますので、人を指す (B) が正解です。

⟳ワンポイント

call on A to B で「A に B するよう呼びかける」という意味になります。

語句
- call on 〜に呼びかける、〜を訪問する　□ promote 〜を促進する
- cause 大儀、理念、信念　□ fight 〜に対抗する
- climate change 気候変動

25. The Football Union has announced that the new tournament is set to ------- next month.

フットボール組合は、新しいトーナメントは来月開始することが決まっていると発表しました。

(A) conduct
(B) revoke
(C) commence
(D) cease

(A) ～を行う
(B) ～を無効にする
(C) 開始する
(D)（～を）やめる、中止する

正解 C

タイプ 文法＋語彙問題　自動詞 vs 他動詞 (30 seconds)

解説

選択肢には、異なる動詞が並んでいますので意味を取っていきます。announced 以下が that 節となって「新しいトーナメントは来月（　　）ことが決まっている」という意味になっています。ここから自動詞で「開始する」という意味の（C）が正解となります。（A）と（B）は他動詞で目的語を取るため、ここでは文法的に合わず、（D）は自動詞・他動詞両方の意味がありますが、自動詞の場合は、自分の意思で止まるという意味になるため、ここでは文意に合わず不正解となります。

→ワンポイント

この問題の選択肢は少し難しめでしたが、易しい語で同意語もありますので、セットで覚えておきましょう。例えば commence は start と同義語ですし、cease は stop と同義語です。

語句
□ be set to　～することになっている、～することが決まっている

26. The new A200 sports car is an ------- choice for those on a budget.

この新しい A200 スポーツカーは一定予算の方にとって経済的な選択肢です。

(A) economist
(B) economical
(C) economic
(D) economize

(A) 経済学者
(B) 経済的な
(C) 経済の
(D) 節約する

正解 **B**

タイプ **文法＋語彙問題　品詞** (30 seconds)

解説

選択肢には、economy が形を変えて並んでいます。空所前が不定冠詞 an、空所後が名詞となっていますので、空所には名詞を修飾する形容詞が入ることがわかり、正解は (B) と (C) に絞ることができます。ここで文意を取ると、「この新しいスポーツカーは一定予算の方にとって（　　　）選択肢です」という意味になりますので、「経済的な」を意味する (B) が正解となります。

→ワンポイント

economical と economic は紛らわしい語ですが、次のように同意語で覚えるといいでしょう。

economical = reasonable：経済的な、お手頃価格な
economic = financial：経済の、財政・金融に関する

語句
□ those 人々（複数の人を指す代名詞）　□ budget 予算

27. Due to the popularity of our new smartphone, the AX10, it has become challenging just finding the phone on display in stores, much ------- purchasing them.

当社の新しいスマートフォン AX10 の人気により、店頭のディスプレイでこの電話をただ見つけるのも困難になっており、ましてや購入することなどできません。

(A) few
(B) less
(C) than
(D) more

(A) 少ない
(B) ましてや〜ない
(C) 〜よりも
(D) もっと多くの

正解 **B**

タイプ **文法問題　語法** (15 seconds)

解説

選択肢には、様々な比較や量を表す語が並んでいます。意味を取っていくと、「新しいスマートフォンの人気により、店頭で見つけるのも難しく、（　　　）購入することなどできない」とありますので、「店頭で見つけられず、ましてや購入することなどできない」という意味になる (B) を入れると、文意が成立し正解となります。他の選択肢は文法的につなげることができず、不正解となります。SV, much less ...ing. で「S が V であり、ましてや…することはできない」という決まり文句ですので、丸ごと覚えておきましょう。

◯ワンポイント

今回の決まり文句は例文ごと覚えておくとわかりやすいと思います。

語句
□ popularity 人気　□ challenging 困難な　□ on display 展示されている
□ purchase 〜を購入する

よりぬき！テスト / 解説 / 概要・攻略法 / トレーニング / 問題 / 解説 / 確認テスト / 解説

28. Business consultancy companies like McCalister Inc. will need to hire ------- if they wish to solve their technical problems.

McCalister 社などのビジネスコンサルタント会社は、技術上の問題解決を望む場合、機械工を採用する必要があるでしょう。

(A) mechanic   （A）機械工
(B) mechanization   （B）機械化
(C) mechanical   （C）機械の
(D) mechanics   （D）機械工たち／力学

正解 D

タイプ 文法＋語彙問題 品詞、数の一致 ⏱30 seconds

解説

選択肢には、名詞 mechanic が形を変えて並んでいます。空所前を見ると、動詞 hire（〜を雇う）があり、空所後には if 節があります。ここから、空所には雇う＝人を表す語が入ると考えます。mechanic は可算名詞で「機械工」という意味になりますので、文法的に複数形の (D) が正解となります。今回は文の構造と意味が絞れても最終的には可算名詞の複数形というところまで押さえないと正解できませんので、気をつけましょう。

➡ワンポイント

(B) mechanization も名詞ですが、「機械化」という意味で、人を表す語ではないので不正解です。空所に人を表す語が入るかどうかは、今回のように空所が目的語になる動詞や、もしくは空所を修飾している形容詞から推測できます。こういったヒントが文中、特に空所の近くにあることが多いので、気を付けて見るようにしましょう。

語句
□ solve 〜を解決する　□ technical 技術的な
---

29. With the rapid proliferation of the Internet, there has been a significant reduction ------- the use of public libraries.

インターネットの急速な普及で、公共図書館の利用において著しい低下が見られます。

(A) at
(B) towards
(C) in
(D) onto

(A) ～に
(B) ～へ向かって
(C) ～において
(D) ～の上へ

正解 **C**

タイプ 語彙問題 30 seconds

解説

選択肢には、前置詞が並んでいます。空所前後の意味は、「公共図書館の利用（　　　）著しい低下」という関係となっていますので、ここから「～において」を意味する (C) が正解となります。a reduction in～で「～の減少」と覚えておくといいでしょう。他の選択肢は、(A) 利用する際の減少 (B) 利用という方向に対して減少 (D) 利用の上側に対して減少と意味が通らなくなってしまうため、いずれも不正解となります。

ワンポイント

in という前置詞は空間的な要素をもっています。今回は、図書館を利用するという空間が少なくなる＝図書館利用が減少している、というイメージを持つと正解の選択肢の持つ意味がつかめるようになります。

語句
□ rapid 急速な　□ proliferation 普及　□ significant かなりの
□ reduction 低下、減少　□ use 利用　□ public library 公共図書館

30. T & S Inc. requests that each employee ------- with the standards set out in our working conditions policy.

T＆S社は各従業員が会社の労働条件に定められた基準に従うよう求めます。

(A) comply
(B) complies
(C) compliance
(D) complying

（A）従う
（B）従う　※３人称単数
（C）遵守
（D）従っている

正解　**A**

タイプ　**文法問題　動詞の形** 🕙15 seconds

解説

選択肢には、動詞 comply が形を変えて並んでいます。空所前後を見ると、述語動詞 request が that 節を目的語としていることがわかり、かつ空所がその節内の述語動詞となっています。request that SV の場合、「S が V であると（いいな）と要求している」と、今現在はそうはなっていないけど、そうなってほしいと要求している、という意味の「仮定法現在」を取ることになり、その場合のルールとして、that 節内の動詞は原形になります。以上から正解は（A）となります。節内の主語が３人称単数だからといって（B）を選ばないようにご注意ください。（D）は、節内に set out があるので一見当てはまりそうですが、set out 自体が文脈上他動詞として機能しているため、文法的に当てはまらず、不正解となります。

→ワンポイント

もともとこの request は、request that S should V...という形の should が省略されていると考えます。そう考えると、動詞の原形を導く理由が納得できるかと思います。request のほかには、suggest（提案する）, recommend（推奨する）, ask（依頼・要求する）, advise（提言する）, require（要求する）などといった、提案・指示命令・要求・主張するような動詞がくると、この形を取ることになります。

```
[語句]
□ standard 基準　□ set out 〜を定める
□ working conditions policy 労働条件
```

No.1
Questions 1-4 refer to the following e-mail.

To: serena-tatler75@goojoomail.com

From: roberts_p@swingfast-realtors.com

Date: January 10

Subject: Rental contract

Dear Ms. Tatler,

Thank you for viewing the vacant apartment on Grenadier Road with me yesterday. --------. I am pleased to inform you that he can accept a monthly rent of $900, a reduction from the advertised $980. He also agreed to your requested -------- date of January 27. For this to happen, please sign and send the attached contract. It must reach our office -------- Friday, January 18.

1.
2.
3.

Please note the need for a security deposit, which will be one month's rent. We -------- this to you when you vacate the apartment, providing there is no damage to the property.

4.

Best regards,

Pascal Roberts

Swingfast Realtors

No.1　問題 1-4 は次の E メールに関するものです。

宛先 : serena-tatler75@goojoomail.com
差出人 : roberts_p@swingfast-realtors.com
日付 : 1 月 10 日
件名 : 賃貸契約

タトラー様、

昨日はグレナディア通りにあるアパートの空室を一緒に内見いただき、ありがとうございました。お客様のお申し出を家主様と話し合いました。家主様は広告で宣伝されていた 980 ドルから値下げした 900 ドルの家賃で承諾してくださっています。またお客様が希望した 1 月 27 日の引っ越しの日程にも同意くださいました。これを実現するためには、添付の契約書に署名して送付してください。当事務所に 1 月 18 日金曜日までに必着でお願いします。

敷金の必要性についてご留意ください。1 か月分の家賃となります。物件に損傷等がなければ、お客様がアパートを引き払う際にこちらを返金いたします。

ではよろしくお願いいたします。

パスカル・ロバーツ
スィングファスト不動産

---

1. (A) I am afraid it has already been oversubscribed.

(B) I discussed your offer with the landlord.

(C) I can meet you at the building entrance.

(D) My friend and I are narrowing down its list of candidates.

(A) 残念ながらそれはもうすでに定員数を超えていました。

(B) お客様のお申し出を家主様と話し合いました。

(C) 建物の入り口で会いましょう。

(D) 友人と私は候補のリストを絞り込んでいます。

正解　B

タイプ　文選択（文脈型）

解説

文選択の問題ですので、空所前後の文を読んで適切なものを選びます。空所の前後は、「昨日、空室を一緒に内見いただきありがとう」、「彼は、広告価格よりも値下げした家賃を承諾してくれた」とありますので、この「彼」は家賃を管理する人だとわかります。ここでは彼＝大家と考えると、(B) 私（メール差出人）が家主と話した、という選択肢の文意が通り、これが正解となります。(A) 定員数を超えた (C) 建物の入り口で会う (D) 友人と私が候補者を絞る、はいずれも空所後の家賃値下げという文意に合わないため、不正解となります。

語句

□ I am afraid that SV　S が V であることをすまなく思う

□ oversubscribed　（申込者が）定員を超えた　□ landlord　大家、家主

□ narrow down　（候補等）を絞り込む　□ candidate　候補者

2. (A) spending
(B) meeting
(C) arriving
(D) moving

(A) 費やす
(B) 会う
(C) 到着する
(D) 引っ越す

正解 **D**

タイプ **語彙問題（文脈型）** 🔄25 seconds

解説

空所は、your requested と date の間にあるため、date を修飾する語が入ると
わかります。選択肢の中には date とつながって意味が成立する語が複数あるた
め、文脈を取っていきましょう。空所を含む文の前後には、「家主が毎月の家賃
を安くしてくれた」、「これを実現するためには、添付の契約書に署名し送付し
てほしい」とあります。空所を含む文は「1月27日の希望した（　　　）日」
となっていますので、ここから、アパート入居、つまり引っ越しの日とすると、
文意が通ります。以上より、正解は（D）となります。

3. (A) by
   (B) from
   (C) until
   (D) at

   （A）　〜までに
   （B）　〜から
   （C）　〜まで
   （D）　〜に

正解 **A**

タイプ **語彙問題（独立型）** (10 seconds)

解説

選択肢には前置詞が並んでいるので、独立型の可能性が高いと考えて解きましょう。空所を含む文は、「それ（＝契約書）は 1 月 18 日の金曜日（　　　）当事務所に届いていなくてはならない」となっており、期限を表す前置詞が入ることがわかりますので、この文のみで正解を導くことができます。選択肢の中で「〜までに」という期限を表す前置詞は (A) by で、これが正解です。(B) from は、「〜から」という起点を表します。(C) until は和訳すると、「〜まで」と一見 by と同じ意味にも見えそうですが、これは「〜までずっと」と継続を意味する前置詞で、ここでは文意に合いません。

4. (A) will have returned
   (B) will return
   (C) are returning
   (D) were returned

   (A) 返却しているだろう
   (B) 返却する
   (C) 返却している
   (D) 返却された

正解 B

タイプ 文法問題（文脈型）

解説

選択肢に述語動詞 return が時制と態を変えて並んでいるため、空所の直前の文を見て文脈で判断していきましょう。「敷金が必要となる」→「その物件に損傷等なければ、あなたがアパートを引き払う際に我々はそれを return する」という文脈になっています。ここから、return するのは、このメールの受取人が住み始めて、かつ引き払い時に異常がない条件での、将来のことであることがわかりますので、(B) の単純未来形を入れれば文意が通ります。(A) は未来完了形で、この文法表現は、「いつの時点で（by the time SV）」等の意味がないと、文意が成立しません。(C) は未来の意味もありますが、ここで入れてしまうと、「すでに敷金を返金する手配を整えつつある」という意味になってしまうので、ここでは不正解となります。

No. 2

Questions 5-8 refer to the following advertisement.

> FlyRight Airport Lounges makes it easy for business travelers
> --------- their trip off to a relaxing start. Wave goodbye to --------
> **5.** **6.**
> departure areas and step into a calm, tastefully decorated lounge
> without the need for a business class ticket. For a monthly
> membership fee of $45, our network of lounges in major US airports
> is open to you. --------. Each branch is equipped with wireless
> **7.**
> Internet, -------- own self-service beverage bar, and shower facilities.
> **8.**
> Go to www.flyrightlounges.com today to see a better way to travel.

問題 5-8 は次の広告に関するものです。

> フライライト空港ラウンジは、出張で旅行されるお客様がリラックスした旅の
> スタートを切りやすくするお手伝いをいたします。混雑した出発エリアに別れ
> を告げ、静かでセンスの良いインテリアのラウンジに足を踏み入れてください、
> ビジネスクラスのチケットも必要ありません。月額会費 45 ドルで、アメリカ合
> 衆国の主要な空港にある当社ネットワークのラウンジをご利用いただけます。
> 年間契約の選択でさらにお安くご利用いただけます。どのラウンジにも無線イ
> ンターネット、その場所独自のセルフサービスドリンクバーやシャワー施設が
> 完備されています。www.flyrightlounges.com に今日アクセスしてより快適な
> ご旅行をご覧ください。

--[語句]--
- get A off to a ～start　A を～なスタートにする
- relaxing　リラックスした、くつろいだ
- wave goodbye to　～に手を振って別れを告げる
- step into　～に足を踏み入れる　　calm　静かな
- tastefully decorated　趣味よく飾られた　　lounge　ラウンジ、休憩室
- equipped with　～を完備している　　a better way　より良い方法

5. (A) that get
   (B) to get
   (C) gets
   (D) have gotten

   (A) 〜を…にする
   (B) 〜を…にすること
   (C) 〜を…にする
   (D) 〜を…にしてきた

正解 **B**

タイプ 文法問題（独立型）🔄10 seconds

解説

選択肢には動詞 get が形を変えて並んでいます。この時点では独立型か文脈型か判断できないので、まずは空所を含む文を読むと、「フライライト空港ラウンジは、出張されるお客様のリラックスしたスタートを（　　　）容易にするお手伝いをいたします」とあります。空所に不定詞を入れ、「スタートを切ること」と、不定詞の名詞的用法の形にすれば、make it easy for A to V（A が V することを容易にする）となり、文意に合うので、正解となります。この問題は make it easy for A to V の it が to 不定詞の名詞的用法を指しているという構文の形を見抜くことができるか、がカギとなっています。それ以外の選択肢は文法的に成り立たないため、いずれも不正解となります。

6. (A) modernized
   (B) reserved
   (C) unexpected
   (D) crowded

   (A) 近代化した
   (B) 予約済みの
   (C) 予期せぬ
   (D) 混雑した

正解 **D**

タイプ **語彙問題（独立型）** (10 seconds)

解説

選択肢には動詞の -ed 形が並んでいます。空所を含む文の意味を取ると、「（　　）出発エリアに別れを告げ、静かでセンスの良いインテリアのラウンジへ」とあるので、前半に、静かでセンスの良い場所と対比した表現が入ることが推測できます。ここから calm（静か）と対照的な意味を表す crowded（混雑した）と入れると、対比の関係が成立し、正解となります。(A) (B) (C) は、対比の意味とはならないため、ここでは不正解です。この問題は単文の中に対比の表現がありましたが、このような関係を空所を含む文の中に見つけることができなければ、前後の文を見ながら解く、文脈型の要素もある問題です。

よりぬき！テスト

解説

概要・攻略法

トレーニング

問題

解説

確認テスト

解説

7. (A) We understand it can be challenging to catch early flights.
(B) You can get even cheaper access by opting for an annual deal.
(C) That is why your security is our top priority.
(D) The Chicago branch is due to open on May 1 with extra facilities.

(A) 早朝の飛行機に乗るのは難易度が高いと私たちは理解しています。
(B) 年間契約の選択でさらにお安くご利用いただけます。
(C) そのためお客様の安全性は最優先事項です。
(D) シカゴ支店は施設を拡大して5月1日にオープン予定です。

[正解] **B**

[タイプ] 文選択問題（文脈型） 60 seconds

[解説]

空所は、文選択問題となっています。空所前後を見ていくと、前には「月額会費45ドルで、アメリカの主要空港にある当社ラウンジが利用可能」、後ろには「どのラウンジにも種々施設が完備」とあります。ここから、このいずれかに関連した表現を選択肢から探していくと、(B) 年間契約にするとさらに安くなる、とあり、空所前の文の料金体系に関してつながりが出てきますので正解となります。この選択肢の "even cheaper" を見つけられれば、前の文の「料金体系関連だ！」と気づくことができます。それ以外の選択肢は (A) 早朝の便に乗る難易度 (C) 乗客の安全にかかわること (D) シカゴ支店に関することは、この文脈では出てこない話題であるため、いずれも不正解です。

[語句]
- □ challenging 難しい　□ even（比較級の前について）より一層
- □ opt 選択する　□ annual deal 年間契約　□ top priority 最優先
- □ be due to ～する予定である　□ extra facilities 追加施設

---

8. (A) it
  (B) you
  (C) its
  (D) your

  (A) それは
  (B) あなたは
  (C) その
  (D) あなたの

正解 **C**

タイプ 文法問題（独立型）(10 seconds)

解説

選択肢には代名詞が並んでいます。空所を含む文を読むと、「どのラウンジにも無線インターネット、（　　　）独自のセルフサービスドリンクバーやシャワー施設が完備されている」とあります。「そのラウンジ独自の」という関係にすれば文意は成立しますので、「そのラウンジ」を意味する所有格代名詞の（C）が正解です。この問題は、one's own X（自分自身が所有する X）という表現と、文自体が「X is equipped with A, B, and C.（X は A,B,C が完備）」と with 以下に完備されているものを並列にした形であることがわかれば、選択肢の it=each branch という関係だと理解できます。代名詞は、それぞれが誰（何）を指すか、を文または文章を読みながら見極めていく必要があります。

No.3

Questions 9-12 refer to the following article.

February 12: Software development firm Reeder Associates has announced a program of summer internships for college students. There will be ten places available for students currently in the third year of a science, technology or engineering major. -------. In the

9.

recent past, certain companies ------- of using unpaid internships

10.

for their own benefit and not for the students'. Reeder Associates has responded to these concerns by ensuring that each participant receives a generous ------- and practical work experience. -------,

11. **12.**

the company has stated that it aims to hire at least some of the interns once they have graduated.

問題 9-12 は次の記事に関するものです。

2月12日：ソフトウェア開発会社のリーダー・アソシエイツは、大学生に向けた夏期実習生研修プログラムを発表した。科学、工業技術または工学を専攻する現在3年生の学生を対象に10名募集する。こうしたプログラムの価値について疑問を持つ方もいるだろう。近年、ある企業が学生のためではなく会社の利益として無給の実習生を利用すると非難されてきた。リーダー・アソシエイツは各参加者が十分な手当や実務経験を受けられるよう保証することでこうした問題に対応してきた。さらに、実習生が卒業する際、少なくとも数名の雇用を目指していると述べている。

語句

- [ ] firm 会社　[ ] internship 実習生研修　[ ] available 利用できる
- [ ] major 専攻科目　[ ] benefit 利益　[ ] concern 懸念
- [ ] ensure 〜を確実にする　[ ] generous 気前よく、寛大な
- [ ] practical 実践的な　[ ] aim to 〜するのを目指す　[ ] intern 実習生
- [ ] once（接続詞として）一度〜すると

9. (A) Some people have questioned the value of such programs.
(B) Applying for a place is not entirely straightforward.
(C) There tend to be few female students in these subjects.
(D) The company specializes in solutions for small and medium enterprises.

(A) こうしたプログラムの価値について疑問を持つ方もいるだろう。
(B) ある職に申し込むことは必ずしも単純なことではない。
(C) これらの科目には女子学生が少ない傾向がある。
(D) この会社は中小企業向けの課題解決を専門に扱う。

正解 **A**

タイプ 文選択問題（文脈型） 60 seconds

解説
空所は、文選択問題となっています。冒頭に「リーダー・アソシエイツは夏期実習生研修プログラムを行う予定」とあり、空所後は「近年、ある企業が無給で実習生を利用していると（空所10）。リーダー・アソシエイツはこうした問題に対応した」とあるので、「何かプログラム自体に問題等疑念がある」ことが推察されます。ここから、「プログラムの価値に疑問を持つ」という（A）が、文意に合い、正解となります。（B）職への申し込みの容易さ（C）女子学生の割合（D）会社の専門、はいずれも本文の文脈とは関連しないため、不正解となります。

語句
□ question ～を質問する、疑問に思う □ value 価値 □ entirely 全体的に
□ straightforward 単刀直入な、容易な □ subject 科目
□ specialize in ～に特化する □ solution 解決法
□ small and medium enterprises 中小企業

10. (A) are accusing
   (B) accuse
   (C) have been accused
   (D) had accused

   (A) 〜を非難している
   (B) 〜を非難する
   (C) 非難されてきた
   (D) 〜を非難してきた

正解 **C**

タイプ **文法問題（独立型）**

解説

選択肢には、他動詞 accuse が形を変えて並んでいます。空所直後には前置詞 of があるため、目的語がありません。ここから「主語との受動関係がある」と 考えることができるので、(C) が正解となります。動詞問題の場合、時制を問 われる場合は文脈で判断する必要がありますが、今回の問題のように、他動詞 で目的語がない場合は受動態の関係となることがわかると、文脈ではなく独立 型として解くことができます。このような動詞問題を解く際は、Part 5 同様に 「主語の数（単数か複数か）」、「態（能動か受動か）」、「時制（現在、過去、未来、 完了、進行）」を見て、それでも正解を導き出せない場合のみ、文脈を考えて解 きましょう。

11. (A) reference
(B) negotiation
(C) portion
(D) allowance

(A) 参考
(B) 交渉
(C) 部分
(D) 手当

正解 **D**

タイプ **語彙問題（文脈型）** 25 seconds

解説

選択肢には意味の異なる名詞が並んでいるので、空所の前後の意味を取りながら見ていきましょう。空所前は「近年、ある企業では実習生には給料の支払いをしてこなかった」とあり、空所を含む文は「十分な（　　　）を受けられるように保証する」とあるので、ここから支払い、手当といった意味の単語が入ることがわかります。以上から正解は（D）となります。allowance は、ここでは会社の手当、といった意味で使用されていますが、それ以外に、許容（量）、余裕幅等、いろいろな意味があるので、文脈に応じて使い分けられるようにしておきましょう。

よりぬき！テスト

解説

概要・攻略法

トレーニング

問題

解説

確認テスト

解説

12. (A) Furthermore
(B) Regardless
(C) Otherwise
(D) Comparatively

(A) さらに
(B) 関係なく
(C) さもなければ
(D) 比較的

正解　A

タイプ　語彙問題（文脈型）(25 seconds)

解説

選択肢には副詞、接続表現等、意味の異なる語が並んでいます。空所を含む文の前後を見ながら意味を取っていきましょう。空所の前には「リーダー・アソシエイツ社は参加者に手当と実務経験の提供を保証」、後ろには「実習生の卒業時に、数名の雇用も検討」とあります。プログラムを行う会社の提示内容を並列して記載していることがわかるので、並列を意味する接続表現である (A) が正解となります。(B) は単独ではなく Regardless of の形で、「〜にかかわらず」という意味で用いられます。(C) は「さもなければ」と前の条件が行われない場合に、(D) はあるものと比較して表現したい場合に使用する副詞で、いずれもあてはめた場合文意に合わず不正解です。

78

Chapter

2

Part 5, 6 の概要
Part 5, 6 攻略法
スコア飛躍のトレーニング
トレーニングをナビゲート！
トレーニング問題・解説

1 | Part 5, 6 の概要

Part 5

　短い文に空所があり、その空所に入れるのに最適な語を 4 つの選択肢から選ぶ問題です。全部で 30 問あり、リーディングセクションで 101-130 問目の問題に相当します。リーディングセクションは 75 分ありますので、その時間の中で解きます。

　※後述しますが、リーディングセクションは Part 5, 6, 7 のすべてを 75 分で解く必要があります。

【大きく分けて 2 種類】
　Part 5 の問題は『文法問題』、『語彙問題』の 2 種類に分かれます。

■文法問題

① 品詞

　　適切な品詞（名詞・動詞・形容詞・副詞等）を選ぶ問題です。多くの場合、選択肢には inform, informative, information のように、語尾等が変化して並んでいるので、選択肢を見ただけでおおよそ「品詞問題だな」と検討がつきます。

② 動詞の形

　　時制や態（能動か受動か）等、動詞の形が変わっており、文中の手がかりから適切な形を選ぶ問題です。

③ 代名詞

　　主格（he）、所有格（his）、目的格（him）、所有代名詞（his）、再帰代名詞（himself）等、適切な形の代名詞を選ぶ問題です。

④ 接続詞

　　文と文や語句と語句をつなぐのに適切な語を選ぶ問題です。

⑤ 限定詞

　　either A or B、not only A, but also B 等、決まった表現の一部を選ぶ問題です。

⑥ 比較

　　原級・比較級・最上級や比較を強調する語句が並んでいるので、適切な比較表現を選ぶ問題です。

⑦ 関係詞

　　先行詞と後ろの節をつなぐのに適切な関係詞（関係代名詞・副詞）を選ぶ問題

よりぬき！テスト

解 説

概要・攻略法

トレーニング

問 題

解 説

確認テスト

解 説

です。

⑧ その他

語法、数の一致（複数か単数か）、自動詞 vs 他動詞等、文中の手がかりから適切なものを選ぶ問題です。

■語彙問題

選択肢には、意味の異なる同じ品詞の語句が並んでいて、文中の意味を取って適切なものを選ぶ問題です。

文法問題と見せかけて、最終的に同じ品詞の選択肢が複数残って意味で解く場合もあります。

Part 6

Part 6 は、100-120 語ほどのメール、広告、通知、といった短めの文書の形になっているものに 4 つの空所があり、4 セット、計 16 問出題されます。リーディングセクションで 131-146 問目の問題に相当します。Part 5 同様リーディングセクション 75 分の中で解くことになります。一見 Part 5 の問題と同じように思えるものと、そうではないものもあります。大きくは 2 つのタイプの問題に分かれます。

■独立型の問題

空所前後もしくは 1 つの文だけ読めば解くことのできる問題で、長文全体を読む必要がない問題のことです。このタイプの問題は Part 5 と解き方が全く一緒であるため、その文だけ独立して抜き出しても解くことができることからこのように呼んでいます。

■文脈型の問題

空所以外の文に解答のヒントがある問題で、空所の文だけ見ても解けません。このタイプが Part 6 特有の問題になります。独立型と文脈型がそれぞれ出題される割合は、2：3 くらいの比率で、若干文脈型が多いです。

■独立・文脈型の選択肢についての例

おおよそですが、以下の通り分類ができます。

品詞問題 ➡ 独立型の可能性が高い：空所前後を見れば解ける

(A) install

(B) installation

(C) installable

(D) installed

動詞の時制問題 ➡ 文脈型の可能性が高い：時制の決め手になる表現が空所を含む文になく、前後を見て解く

(A) will reserve

(B) reserve

(C) reserved

(D) had reserved

文選択問題 ➡ 100％文脈問題：空所前後の文を見て意味を考える必要あり

(A) We need to catch up with the company.

(B) He canceled the meeting yesterday.

(C) You must submit the proposal right away.

(D) I had to leave for the day at that time.

■1セットあたりの問題の種類

1問は文選択問題が必ず入ります。

残りの3問は、おおよそですが、独立1：文脈2、もしくはその逆で出題されます。

2 | Part 5, 6 攻略法

よりぬき！テスト

解説

概要・攻略法

トレーニング

問題

解説

確認テスト

解説

　Part 5, 6 攻略についてお話ししていきます。その前に、とても重要なことをお伝えします。概要で触れましたが、リーディングセクションは、100 問（Part 5：30問、Part 6：16 問、Part 7：54 問）を 75 分で解く必要があります。つまり、どのパートにどれくらい時間を割くか、を事前に想定しておく必要があります。まず、この時間管理、すなわちタイムマネジメントについて見ていきたいと思います。

大前提：リーディングセクションのタイムマネジメント

　リーディングセクション、というとなんとなく Part 5 が取っ付きやすそう、Part 7 は長文なので読むのが大変そう、というイメージをお持ちの方がいらっしゃると思いますが、実はそうではありません。Part 7 は正解は本文に書いてあるので、時間をかけて読めば解けるようにできています。一方で Part 5, 6 は、読む量こそ少ないものの、学習者である皆さんの文法・語彙の知識がないと正解を選ぶことができないため、実はわからない問題に遭遇した場合いたずらに時間を消費しかねません。そのため、Part 5, 6 に関してはある程度考えてわからない、と思ったらあきらめて適当にマークし、Part 7 に時間を取っておけば、結果的にスコアがよい、ということがあるのです。

◆タイムマネジメントの例
　同じ英語レベルの A さんと B さんがいて、それぞれ以下のように解いたとします。

・A さん、時間を意識せず Part 5 から順番に解いて 62 問を解答、38 問は時間が足りなくなり適当にマーク
・B さん、各 Part の時間を意識しトータル 65 問に自信をもって解答、残り 35問は時間がないか、わからないため適当にマーク

　どちらのスコアが良い結果となるか想像はつくと思います。特に A さんが順番に解いた 62 問は、B さんが自信を持って解いた問題より正答率が低そうです。その理由は、わからない問題はじっくり時間をかけて解いた A さんに対し、B さんは、わからない問題を飛ばしながら解ける問題を選びつつ解答したからです。

◆ではどうすればよかったか？
　Part 7 については、おおよそ 1 問 1 分、つまり 54 分時間を取ると、1 つ 1 つの文章をしっかり読んで解くための時間を確保することが可能です。余裕をもって 3 分ほど見直しに時間をかけるとすると、リーディングセクション 75 分 − 54 分 − 3 分 ＝ 18 分残ります。この 18 分をそれぞれ Part 5 と Part 6 に残して、以下のペースで解くことを目指すとよいパフォーマンスが得られます。

> Part 5：30 問を **10 分で解く**
> 内訳：10 分 ＝ 600 秒　➡　**1 問あたり約 20 秒**
> Part 6：16 問（各 4 問 × 4 セット）を **8 分で解く**
> 内訳：8 分　➡　1 文書あたり 2 分　➡　**1 問あたり約 30 秒**

　Part 6 に関しては、概要で触れましたが、まず独立タイプか文脈タイプか見抜きましょう。文脈タイプの問題は正解を選ぶのに多少時間がかかるので 1 問あたりの解答時間を多くとる必要があります。

　上記から、Part 5 に関しては 1 問あたり約 20 秒の解答ペース、Part 6 は 1 問あたり約 30 秒のペースで解かないと、Part 7 の長文問題で、高いパフォーマンスを持って解くことが難しくなってしまいます。できるだけこのペースを守りながら解いていきましょう。とはいえ、Part 5, 6 も問題のタイプによって解く時間が異なりますのであくまでも平均ペースとして考えてください。

　なお、それぞれの問題タイプと解答目安の時間は次の通りです。

Part 5
① 5-10 秒以内に解く！〜定番問題を見抜け！〜
　品詞：品詞問題は必ずどの品詞が入るかルールが決まっています。そのルールを
　　　　素早く見抜きましょう。

② 15 秒で解く！〜落とし穴に気をつけろ！〜
　動詞の形：動詞の形を見抜くには 3 つのポイント（数・時制・態）があるので、
　　　　　　それを押さえて解きましょう。
　代名詞：代名詞は、主語・目的語をしっかり押さえないと思わずケアレスミスし
　　　　　てしまうため、少し時間をかけましょう。

接続詞：and, but といった、つながりを把握すれば解ける接続詞は、15 秒以内を目指しましょう。

限定詞：限定された場面で使う語は、組み合わせを覚えて 15 秒以内に選びましょう。

比較　：比較している手がかりをうまく見つけて、比較・最上級を選ぶコツをつかみましょう。

その他：文中の手がかりをうまく見つけて、15 秒以内に選びましょう。

③ 30 秒で解く　～じっくり考えれば必ず正解が見える！～

接続詞：カンマ前後の文と文をよく読んで意味を論理的にとらえるので多少時間をかけましょう。

語彙問題：選択肢の語の意味と文中の意味を取って適切なものを選ぶため、他のものより時間がかかります。

④ 30 秒以上かかりそうな場合

30 秒以上かかる問題は、今のあなたの実力では解けない可能性が高いです。その場合は適当にマークして次に進み、復習をしっかりして正解を目指しましょう。

Part 6

① 独立型：10 秒で解く

品詞問題、前置詞の語彙問題は空所前後で解けることがあるため、素早く解けるようにしておきましょう。

② 文脈型：25 秒で解く

時制・語彙問題かつ複数の選択肢があてはまりそうだったらこのタイプだと思ってください。前後の文の意味をつかんで解くことを目指しましょう。

③ 文選択：60 秒で解く

文選択は Part 6 の中で最も難しい問題です。文選択に相当する空所前後の文をよく読んで、意味の当てはめを論理的に考えて解きましょう。

④ 60 秒以上かかってしまう問題

Part 5 の④と同様、Part 6 の 1 問に 60 秒以上かけてしまう問題があれば時間の消費リスクが増えてしまいますので、あきらめて他の問題に取り組みましょう。

むしろ、「これからしっかり学習することでスコアアップする問題を見つけた」と思えばポジティブになれますよ！

Part 5　問題タイプ攻略

それぞれに対して簡単な例を出していきます。

① 品詞

適切な品詞（名詞・動詞・形容詞・副詞等）を選ぶ。

The man was able to come to the office in ------- for the monthly meeting.

(A) time

(B) timely

(C) timed

(D) has timed

➡文法のルールとして、前置詞に囲まれている空所には名詞が入るので正解は（A）。

訳：その男性は、月例会議に間に合うようオフィスに来ることができました。

② 動詞の形

主語の数、時制、態（能動か受動か）の 3 つを判断して選ぶ。

My car will ------- tomorrow afternoon, so could you give me a lift today?

(A) repair

(B) repaired

(C) have repaired

(D) be repaired

➡主語の数は問われておらず、時制は未来形で確定している。よって態で判別する。車は修理される関係にあるので、受動態として（D）を選ぶ。

訳：私の車は明日修理されるので、今日は車で送ってくれませんか？

③ 代名詞

主格・所有格・目的格等、適切なものを選ぶ。

Mikiko showed Mr. Hunt ------- books last week.

(A) her

(B) its

(C) hers

(D) our

➡️空所後に名詞があるので、所有格が入る。文中には 2 人しか登場していないため、（A）のみ文意と合致する。

訳：ミキコさんはハントさんに先週自分の本を見せました。

④ 接続詞

節（SV：主語と述語動詞からなる文のカタマリ）と節を結ぶ語句を選ぶ。

It's very cold this morning, ------- be sure to bring your coat.

(A) so

(B) with

(C) cause

(D) also

➡️寒い（だから）コートを持っていきなさい、という順接の関係が成り立つので、正解は（A）。

訳：今朝はとても寒いので、必ずコートを持っていくようにしてください。

※じっくり考える接続詞

------- we had a lot of trouble, we won the contract with the client.

(A) Because

(B) So

(C) Although

(D) Therefore

➡️トラブルに見舞われた（けれども）契約を結べたという逆説の関係になる。よって正解は（C）。

訳：我々はたくさんトラブルに見舞われたが、顧客と契約を結ぶことができた。

⑤ 限定詞

決まったペアのものを選ぶ。

※ペアの決まり文句

▶ not A but B 「A ではなく B」（= B, not A）

▶ not only A but also B 「A だけではなく B も」

▶ both A and B 「A も B も両方」

▶ either A or B 「A または B のいずれか」

▶ neither A nor B 「A、B どちらでもない」

Either Shuhei ------- Mami will clean the room instead of Tommy.

(A) or

(B) also

(C) nor

(D) neither

➡ either のペアである "or" を入れて「A または B のいずれか」という意味を作る。よって、正解は（A）。

訳：シュウヘイさんかマミさんのいずれかがトミーさんの代わりに部屋を掃除するでしょう。

⑥ 比較

適切な比較表現を選ぶ。

Opengate Inc. would ------- serve its customers than other competitors.

(A) better

(B) well

(C) less

(D) best

➡競合よりもよりよく、と比較しているので（A）が正解。

訳：Opengate 社は顧客に対して競合よりもよりよいサービスを提供しています。

⑦ 関係詞

先行詞との関係を見抜いて解く。

The man wants to see the office ------- I worked until last year.

(A) who

(B) which

(C) whom

(D) where

➡先行詞 the office と連動し副詞句として「その場所で」を導く関係副詞（D）が正解。

訳：その男性は私が昨年まで働いていた事務所を見たがっている。

⑧ その他、⑨ 語彙問題

※これは実戦で扱います。

Part 6　問題タイプ攻略

　Part 6 は、短めの文書の空所 4 箇所を埋める問題ですが、Part 5 のように 1 つの文章の空所前後を読めば解ける問題と、文章の前後を読んで文脈から判断する問題があります。

　空所前後を読めば解ける問題は、空所が文の中でどんな役割を表しているか、品詞なのか時制なのか、接続詞なのか接続副詞なのか考えましょう。一見すぐに解けそうなものでも、選択肢がどれも該当しそうな場合は文脈から選ぶ必要があるので、前後の文を読んで判断しましょう。各セット 1 問、文を選ぶ問題が必ず登場します。これは文脈をチェックする必要があるということになるので、前後、もしくは空所を含む段落を必ず読むようにしましょう。

① 独立型

　Part 5 と同じ解き方になります。

② 文脈型

　時制・語彙問題が相当します。空所を含む文だけでは選択肢を 1 つに絞れないので、前後の文を見て根拠を探し、選択肢に入れるのにふさわしい時制や語彙を選びます。

③ 文選択型

　文前後の意味を考えて解きます。

> **！** 文選択問題は『ハンバーガー方式』で解きましょう。

　文選択問題はコツをつかまないと正解を導くことはできません。私は「ハンバーガー方式」といって、**空所をハンバーガーのお肉**、その**前後をはさむパン**に見立てた、論理構造を考えています。

例

空所前の文：パン 1　空港周辺は大雪だ。
空所　　　：お肉
空所後の文：パン 2　空港で待つことにする。

考え方

　　空港周辺は大雪だ。　➡　（　　　）　➡　空港で待つことにする。

よりぬき！テスト

解説

概要・攻略法

トレーニング

問題

解説

確認テスト

解説

通常は大雪だから飛行機はキャンセルになるはずなのに、待つ、ということは誰か迎えに来るのかな、それとも除雪後フライトが遅れて運航するのかな？

そう論理的に考えると、それに近い内容が選択肢に必ずあります。この要領で選ぶとよいのです。

加えて、いくつか前後の表現でヒントになるようなものを挙げておきます。

◆パン（空所前後）の中、もしくは空所（＝選択肢）に接続詞がある
　順接、逆接、追加、といった接続表現があると、その意味を取って選択肢を絞り込みやすくなります。

◆副詞に注目
　例えば、In addition（加えて）や nevertheless（それにもかかわらず）といったような表現は、パン（空所前後）とお肉（空所の選択肢候補）の表現のつながりに関わるため、正解を絞り込みやすくなります。

◆代名詞に注目
「that」「them」のような代名詞が選択肢に入っていると、空所前の表現を受けているため、つながりが非常にわかりやすく、「ああ、それなら文意が通るな」といったことがよくあります。単数か複数か、ということもチェックしておくとなおよいでしょう。

◆助動詞に注目
　"You must apply for the position"（その職に申し込まないと）等、義務、要望、可能、推量といったニュアンスは、文の意図を表している場合が多いです。前後の文の意図に合う選択肢がある場合、正解の可能性が高いです。

◆連続した情報
「3つの利点がある」「1つ目は、安い」「（空所）」「3つ目は、早い」とあるとき、空所には「2つ目は、うまい！」といったような表現を入れると正解になる、といった、連続性のある情報が続く場合です。

◆その他 文頭、文末が空所だった時
　この場合、お肉をパンで挟めませんが、冒頭が空所の場合は読み進め、文末が空所の場合はそれまでの総まとめ、といったように要旨をつかんでおけば OK です。

いかがでしょうか？ここでは簡単な例題やコツのみを掲載していますが、だいたいつかめたら、まずは実践で解答アプローチをさらに深めていきましょう。

3 | スコア飛躍のトレーニング

　スコアアップに向けた Part 5, 6 のトレーニング方法をご紹介します。問題を解いて解説を読んだ後は、それぞれの問題を使って次のトレーニングを行い、着実に実力をつけていきましょう。

Part 5

・問題タイプを見極める

　もう一度問題を見て、きちんとタイプを見極められるか確認しましょう。

・自分で解説してみる

　本当に理解できているか、がわかります。最初は難しいと感じる人も多いと思いますので、本書では穴埋めできるテキストを用意しました。

・文章を読み直す

　主語、述語、目的語等を意識しながら文章を読み直しましょう。

・問題で使われている語句を確認する

　一度出会った語句は、確実に自分のものにしておきましょう。

・選択肢なしの穴埋め問題に挑戦する

　問題文だけを見て、空所に何が入るか考えてみましょう。さらに力を付けたい人はぜひチャレンジしてみてください。

　Part 6 では、上記に加えて、文選択問題の「パン」になる部分を再確認しましょう。

　次のページからは、よりぬき！テストで解いた問題を使って、上記のトレーニングをナビゲートします！ナビゲーションにそって学習をすすめるだけで、トレーニングを一巡できます。一度シミュレーションしてみた後は、ぜひ他の問題でも実践してみてください。

※「トレーニングをナビゲート！」では、「よりぬき！テスト」の No.1〜4 の問題を使って、トレーニングを細かく説明しています。No. 5 以降の問題は、トレーニングしやすいような素材を用意しています。

トレーニングをナビゲート！ Part 5

1. The company says that using a new computer system will result in ------- waiting times than the current system.

(A) shortest
(B) shorter
(C) short
(D) shortening

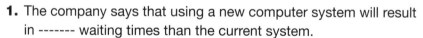

問題タイプを
見極めよう！

タイプ （　　　　　　　　）

2. To get your car insurance, you will need to ------- a copy of your driver's license by the end of the month.

(A) meet
(B) work
(C) present
(D) open

タイプ （　　　　　　　　）

3. It is suggested that students in university take a ------- internship in their chosen field as soon as possible.

(A) salarying
(B) valued
(C) earned
(D) paid

自分で解説してみよう！

タイプ （　　　　　　　　）

4. The sudden increase in participants ------- the arrangements for the charity auction.

(A) complicated
(B) complicating
(C) have complicated
(D) complicate

文章を読み直そう！

タイプ （　　　　　　　　）

1. The company says that using a new computer system will result in ------- waiting times than the current system.

(A) shortest
(B) shorter
(C) short
(D) shortening

2-2 ───
自分で解説するのが難しいときは、
まず穴埋めでポイントとコツを掴もう！

🖊 選択肢には＿＿詞 short が形を変えて並んでいます。空所前後を見ると、空所前が "result in（〜という結果になる）" という＿＿＿＿、空所後が "waiting times（待ち時間）" という＿詞になっていますので、空所は＿＿詞が入ることがわかります。ここで、waiting times の直後を見ると、"than...（〜より）" と＿＿＿＿＿＿＿があるので、＿＿＿＿＿＿＿＿＿＿＿＿、という意味にすれば文意が通ります。以上から正解は (B) となります。(D) は動詞 shorten の現在分詞、もしくはこの形で「短縮」という名詞になります。

2. To get your car insurance, you will need to ------- a copy of your driver's license by the end of the month.

(A) meet
(B) work
(C) present
(D) open

🖊 選択肢には意味の異なる＿詞が並んでいますので、語彙問題です。空所を含む節の意味は「＿＿＿＿＿＿＿＿＿＿＿＿＿＿＿（　　　）＿＿＿＿＿＿＿＿」となっています。ここから「＿＿＿＿＿＿」という意味になる (C) が正解です。(A)、(D) は文意が合わなくなり、(B) は＿＿詞のため文法的に入れることができず、それぞれ不正解となります。

3. It is suggested that students in university take a ------- internship in their chosen field as soon as possible.

(A) salarying
(B) valued
(C) earned
(D) paid

🖊 選択肢には、意味の異なる＿＿＿＿詞もしくは＿＿＿＿詞が並んでいます。空所前後は、「（　　　）＿＿＿＿＿＿＿＿＿＿＿」という意味なので、空所は＿＿＿＿＿＿を＿＿＿することがわかります。ここから「＿＿＿＿」を入れると意味が通りますので、正解は（D）となります。他の選択肢は文意が合わず、不正解となります。（A）は＿＿＿＿＿＿とすると、（D）同様「＿＿＿＿」という意味になります。

4. The sudden increase in participants ------- the arrangements for the charity auction.

(A) complicated
(B) complicating
(C) have complicated
(D) complicate

🖊 選択肢には、complicate（動詞：〜を＿＿＿＿＿＿にする、形容詞：＿＿＿＿）が形を変えて並んでいます。文全体を見ていくと、主語が "＿＿＿＿＿＿＿＿＿＿"、目的語が "＿＿＿＿＿＿＿＿" となっており、空所には＿＿＿＿詞が入ることがわかります。主語を見ると、＿人称＿数となっているため、それに合う動詞は（A）の＿＿形のみとなります。

1. タイプ：文法問題　比較

選択肢には形容詞 short が形を変えて並んでいます。空所前後を見ると、空所前が "result in（～という結果になる）" という動詞句、空所後が "waiting times（待ち時間）" という名詞になっていますので、空所は形容詞が入ることがわかります。ここで、waiting times の直後を見ると、"than...（～より）" と比較表現があるので、比較対象のものよりも短い、という意味にすれば文意が通ります。以上から正解は（B）となります。（D）は動詞 shorten の現在分詞、もしくはこの形で「短縮」という名詞になります。

2. タイプ：語彙問題

選択肢には意味の異なる動詞が並んでいますので、語彙問題です。空所を含む節の意味は「月末までに自動車免許証の写しを（　　　）する必要がある」となっています。ここから「～を提示する」という意味になる（C）が正解です。（A）、（D）は文意が合わなくなり、（B）は自動詞のため文法的に入れることができず、それぞれ不正解となります。

3. タイプ：語彙問題

選択肢には、意味の異なる現在分詞もしくは過去分詞が並んでいます。空所前後は、「（　　　）の実務研修に取り組む」という意味なので、空所は internship を修飾することがわかります。ここから「有給の」を入れると意味が通りますので、正解は（D）となります。他の選択肢は文意が合わず、不正解となります。（A）は salaried とすると、（D）同様「有給の」という意味になります。

4. タイプ：文法問題　動詞の形

選択肢には、complicate（動詞：～を複雑・困難にする、形容詞：複雑な）が形を変えて並んでいます。文全体を見ていくと、主語が "The sudden increase"、目的語が "the arrangements" となっており、空所には述語動詞が入ることがわかります。主語を見ると、3人称単数となっているため、それに合う動詞は（A）の過去形のみとなります。

2-3
解説の空欄を確認しよう！

- [ ] result in
- [ ] waiting times
- [ ] current
- [ ] insurance
- [ ] by the end of the month
- [ ] internship
- [ ] chosen field
- [ ] as soon as possible
- [ ] increase in
- [ ] arrangement
- [ ] charity auction
- [ ]
- [ ]
- [ ]
- [ ]
- [ ]
- [ ]
- [ ]
- [ ]
- [ ]
- [ ]
- [ ]
- [ ]
- [ ]

| ～という結果になる |
| 待ち時間 |
| 現在の |
| 保険 |
| 月末までに |
| 実務研修、インターン |
| 専攻分野 |
| できるだけはやく |
| ～の増加 |
| 準備、調整 |
| 慈善（チャリティー）オークション |
| |
| |
| |
| |
| |
| |
| |
| |
| |
| |
| |
| |
| |

④ 語句をマスターしよう！
空いたスペースを使って、自分なりの
語彙リストを作成してみよう。

よりぬき！テスト

解説

概要・攻略法

トレーニング

問題

解説

確認テスト

解説

5. The inspection of the factory found all systems were in good working -------.

(A) order
(B) orderly
(C) ordered
(D) ordering

タイプ（　　　　　　　　　　）

✎ 選択肢には、order が形を変えて並んでいます。空所前には "in good working ------- (＿＿＿＿＿＿ (　　　))" と空所を＿＿する表現が入っていますので、＿詞の (A) が正解となります。"in working order" で「＿＿＿＿＿＿＿＿＿＿＿」という意味になります。(D) も＿詞の意味ですが、「＿＿＿＿＿＿＿＿」という意味になりますのでここでは不正解です。

6. ------- the employees understood that the safety training was necessary, they wondered if it would ever be useable in real life.

(A) Because of
(B) If not
(C) While
(D) Provided that

タイプ（　　　　　　　　　　）

✎ 選択肢には、様々な＿＿＿＿が並んでいます。文全体の意味は、「従業員たちは安全訓練が＿＿だと理解していた（　　　）、実生活で使えるのか＿＿＿思った」となっています。ここから、訓練が＿＿だと理解していた＿＿＿＿、と＿＿の意味を表す＿＿＿＿が入ると文意が成立します。以上より正解は (C) となります。(A) は、＿＿＿＿を導くことができず文法が成立しません。(B)、(D) は意味が成立しなくなるため不正解となります。

7. The new supermarket is in a very convenient location directly
------- the mall.

(A) opposite
(B) across
(C) away
(D) near

タイプ（　　　　　　　　）

🖊 選択肢には、＿＿詞、＿詞が並んでいます。文の意味を取っていくと、「＿＿
＿＿＿＿＿＿＿＿＿＿＿（　　）＿＿＿＿」とあるので、「＿＿＿＿＿＿」という
意味を持つ（A）が正解となります。同じような意味で（B）も正解に見えるのです
が、この語は一語で「＿＿＿＿」という意味になり、「＿＿＿＿＿＿」にするには
"across from" という表現にする必要があります。また directly という＿詞があるこ
とから、（C）（D）も意味が通じず不正解となります。

8. ------- few people completed this year's survey due to the lack of
funds.

(A) Comparison
(B) Compare
(C) Comparatively
(D) Compared

タイプ（　　　　　　　　）

🖊 選択肢には、＿詞 compare（～を比較する）が形を変えて並んでいます。空
所が文頭となっているので、文全体を見てみると、「資金不足のせいで今年の調査を
終えた人はほとんどいなかった」と、＿＿＿＿＿＿＿＿＿＿＿＿＿＿＿＿＿＿＿こ
とがわかります。ここから、＿＿＿＿＿＿＿＿＿＿＿＿＿＿＿＿＿ため、空所には＿
詞が入ります。以上から（C）が正解となります。今回の場合、この空所は ＿＿ を
修飾し、「＿＿＿＿＿＿＿少ない」という意味となります。

9. ------- that the team will increase profits this year ignore the fact that the country is in recession.

(A) Expected
(B) Expecting
(C) Expectations
(D) Expectation

タイプ（　　　　　　　　　　）

選択肢には、__詞 expect（〜を期待する）が形を変えて並んでいます。空所が文頭にありますので、文の構造を見ていきましょう。空所の次に that 以下「チームが今年の利益を上げるだろう」とあり、その後_____詞 ignore と_____に相当する the fact が続いています。ここから文の構造として「___となる_詞（＋接続詞 that SV）、_____詞 ignore、_____the fact（＋接続詞 that SV）」という関係が見えますので、空所には__詞が入ることがわかります。そして_____詞が ignore となっていることから、主語は___を示す（C）が正解となります。

10. ------- passengers unable to get a connecting flight in New York must talk to a staff representative.

(A) Each
(B) Little
(C) Those
(D) Whose

タイプ（　　　　　　　　　　）

選択肢には、____詞等さまざまな語が並んでいます。空所は文頭ですが、空所直後の passengers（乗客）は_____詞で___を示すので、___を導く（A）、_____詞の___を表す（B）を入れることはできません。次に、文意をとっていくと、「接続便に乗ることができない（　　　）乗客は、係員と話す必要がある」と、_____乗客を指すことがわかりますので、ここから___の_____詞を導く（C）が正解だとわかります。（D）は、所有格の____詞でも___詞でも、ここでは文法的に成立しないため不正解となります。

11. All salespeople must ------- two sales reports to management by the end of the week if they wish to receive their bonus.

(A) have submitted
(B) be provided
(C) have been concluded
(D) have adopted

タイプ （　　　　　　　　　　）

🖊 選択肢には、＿＿と＿＿＿の異なる＿詞が並んでいます。空所前後の意味を取っていくと、「＿＿＿＿＿＿＿＿＿＿　（　　　）＿＿＿＿＿＿＿＿」となっていますので、＿＿＿＿として「～を提出していた」という意味になる (A) が正解となります。空所直後に＿＿＿＿がありますので、受動態の (B) は文法上当てはめることができません。同じく受動態の (C) は、文法も文意も合わず不正解です。(D) も、この場面で、報告書を＿＿＿＿＿＿＿したという意味ではつながらないため、不正解となります。

12. Sanders Consultancy's goal is to support small businesses in navigating their way ------- the difficulties often associated with the manufacturing process.

(A) because
(B) through
(C) under
(D) between

タイプ （　　　　　　　　　　）

🖊 選択肢には、様々な＿＿＿詞と＿＿＿詞が並んでいますので、意味を取っていきましょう。文意は、「Sanders Consultancy 社の目標は、中小企業が製造工程に関連する＿＿＿を（　　　）、＿＿＿サポートを行うことだ」とあります。ここから、遭遇する＿＿＿＿＿＿＿のをサポートする、とすると文意が通ります。以上より、＿＿＿＿＿＿を＿＿＿＿＿＿イメージの前置詞で、「＿＿＿＿＿＿＿＿＿」を意味する (B) が正解となります。(A) は＿＿＿詞で、＿＿＿＿＿を導く必要があるため文法的に当てはまりません。(C) は、トラブル＿＿＿＿＿＿＿、(D) はトラブル＿＿＿＿＿＿＿＿、という意味になり、文意が通らずいずれも不正解となります。

13. It is essential for visitors to ------- bears and other dangerous animals when visiting Wishew National Park.

(A) take away from
(B) go forward with
(C) stay in from
(D) watch out for

タイプ（ 　　　　　　　 ）

選択肢には、様々な____句が並んでいます。空所の前後を見てみると、「公園に来る場合は、_____（　　　）_____」と言っていますので、「_____」という意味の（D）が正解です。他の選択肢はそれぞれ当てはめてみると、意味が通らずいずれも不正解です。

14. Brooks University designed a programming course that has ------- been opened to the public so that anyone can learn for free.

(A) calmly
(B) intentionally
(C) explicitly
(D) affordably

タイプ（ 　　　　　　　 ）

選択肢には、様々な__詞が並んでいます。文意は、「Brooks 大学がプログラミングコースを考案し、_____（　　　）_____」とあり、ある_____をもってコース開講したことがわかりますので、その意味に沿う（B）が正解となります。（A）_____（C）_____（D）_____、はそれぞれ文意に合わず不正解となります。

15. Management at Wachstum, Inc. was ------- when they received thousands of applications for the job opening.

(A) overwhelm
(B) overwhelms
(C) overwhelming
(D) overwhelmed

タイプ（　　　　　　　）

選択肢には、＿詞 overwhelm が異なる形をとっています。overwhelm は「〜を圧倒する、制圧する」という＿＿詞です。本文は、空所後が＿＿詞 when になっており、ここで＿＿＿＿＿＿ことを考えると、空所後に＿＿＿＿＿がありませんので、ここでは＿＿＿＿の形で「(主語) が圧倒＿＿＿＿」とすれば文法的に成立します。以上より正解は (D) となります。

16. Mr. Sanders gave away his personal and financial information on the website -------.

(A) unanimously
(B) unprecedentedly
(C) unknowingly
(D) unevenly

タイプ（　　　　　　　）

選択肢には、様々な＿詞が並んでいます。文意は、「Sanders 氏は＿＿＿＿＿＿＿＿＿＿＿＿＿＿＿（　　　）＿＿＿＿＿＿＿＿＿＿＿＿＿＿」とありますので、「＿＿＿＿＿＿＿＿＿＿＿」を意味する (C) を入れると文意が通り、正解となります。(A)＿＿＿＿ (B)＿＿＿＿＿＿ (D)＿＿＿＿、はそれぞれ文意に合わず不正解となります。(B) は unprecedentedly high/rapid/large（＿＿＿＿＿高い、急速な、大きい）といった形容詞を修飾することが多い語です。

17. WEC TV decided to hire a new financial ------- after the last one reported false data.

(A) developer
(B) ponder
(C) correspondent
(D) sponsor

タイプ（　　　　　　　　　　）

🖋 選択肢には、様々な＿詞が並んでいます。文意は、「WEC TV は＿＿＿＿＿＿＿＿＿＿＿＿＿＿＿のを受け、新たな＿＿＿（　　　　）＿＿＿＿＿＿＿ことにした」とあります。ここから、＿＿＿に関する仕事をする人が空所に入ることがわかるので、正解は＿＿＿＿＿＿を意味する（C）となります。（A）＿＿＿（D）＿＿＿、もいずれも人を指す語ですが、＿＿＿を担当する人を示すわけではないので文意に合わず不正解です。（B）は接尾辞が -er となっていますが、「＿＿＿＿」という＿＿詞です。

18. The government must choose with the utmost ------- an appropriate response to the accusations made against them.

(A) bundle
(B) contemplation
(C) care
(D) extent

タイプ（　　　　　　　　　　）

🖋 選択肢には、様々な＿詞が並んでいます。文意は、「政府は非難への適切な対応を＿＿＿＿＿（　　　　）＿＿＿＿＿＿＿＿＿＿＿＿＿＿＿」とあります。ここから、「＿＿＿＿＿＿」を意味する（C）が正解となります。（A）＿（B）＿＿＿（D）＿＿＿＿＿＿＿を入れてもここでは意味が通らず不正解となります。（B）contemplation は、with more contemplation（＿＿を重ねて）という意味なら成立しますが、utmost（＿＿＿＿）という形容表現と結びつきません。

19. The Krakatoa volcano erupted in 1883, which was the loudest sound ------- recorded by scientists.

(A) ever
(B) entirely
(C) fully
(D) comprehensively

タイプ（　　　　　　　　）

🖉 選択肢には、様々な__詞が並んでいます。文意は、「Krakatoa 火山は 1883 年に噴火したが、_____（　　　）_____」とあります。ここから、「_____」を意味する（A）が正解となります。この問題は語彙問題としていますが、文中に "the loudest sound（最大の音）" と_____が使われていますので、_____と親和性のある ever を選ぶ、という視点でも構いません。（B）_____（C）_____（D）_____、はそれぞれ当てはめても意味が通らず不正解となります。

20. Holme Village decided to give ------- to older people who are unable to live independently.

(A) assisting
(B) assisted
(C) assistance
(D) assist

タイプ（　　　　　　　　）

🖉 選択肢には、__詞 assist が形を変えて並んでいます。空所前は_____を取る____詞 give があり、空所後には____詞があります。ここから空所には__詞が入ることがわかりますので、（C）が正解です。（A）も____詞という__詞の役割がありますが、この語を____詞にすると、直後に_____に相当する語が必要となります。今回は直後に____詞 __ がありますので、ここでは文法的に成り立たず不正解となります。※ちなみに assisting には形容詞の意味（補助する○○）もありますが、この場合も直後に名詞が必要となります。

21. To successfully compete in the global marketplace, DF, Inc. will need to ------- a broad network of suppliers around the world.

(A) legitimate
(B) evaluate
(C) process
(D) establish

タイプ (　　　　　　　　)

🖊 選択肢には、異なる＿詞が並んでいますので意味を取っていきましょう。「世界市場で優位な競争力を持つために、DF 社は供給業者の＿＿＿＿＿＿＿＿＿＿＿＿＿ ＿＿ (　　　) ＿＿＿＿＿＿＿」とありますので、「＿＿＿＿＿る」という意味となる (D) が正解となります。この問題を解くカギは、＿＿＿の＿＿詞の「＿＿＿＿ ＿＿＿＿＿＿＿＿＿＿＿」という意味を踏まえて空所を入れることです。そういう意味でも、Part 6 のように、少し文脈を意識する必要があります。

22. This market report brings together one hundred businesses and suggestions from ------- concerning the future of the construction industry.

(A) president
(B) presidents
(C) presidency
(D) presidential

タイプ (　　　　　　　　)

🖊 選択肢には、＿詞 president が形を変えて並んでいます。空所前後の意味を取っていくと、「建設業界の未来に関して、(　　　) ＿＿＿＿＿＿」という形になっています。ここから、カッコ内は＿＿＿を示す＿詞が入ることがわかりますので、＿ ＿を示す (A)、(B) が候補として絞られます。また、president は「＿＿＿」という意味で用いられる場合、＿＿＿＿＿詞なので、正解は＿＿＿＿＿の (B) となります。

23. According to the Mercury News agency, Jones and Son, Inc. has assured all of their customers that next year's products will be more ------- priced.

(A) competence
(B) competed
(C) competitive
(D) competitively

タイプ（　　　　　　　）

✎ 選択肢には、＿詞 compete が形を変えて並んでいます。空所前後を見ると、that 節以下が＿＿＿＿＿となっており、will 以下が be more ------- priced「＿＿＿（　　）価格付けがされる」と、「価格付けされる」という＿詞を＿＿＿する語が空所に入ることがわかります。＿詞を＿＿＿するのは＿詞なので、（D）が正解となります。

24. Greenworld Charity has called on ------- to help promote their cause in fighting climate change.

(A) action
(B) actors
(C) act
(D) acted

タイプ（　　　　　　　）

✎ 選択肢には、＿詞 act が形を変えて並んでいます。空所前後を見ると、空所前に call on「～に呼びかける」という＿＿＿句があり、空所後は＿＿＿＿詞で「気候変動に対して取り組む際の＿＿＿＿＿＿＿＿＿＿＿」と呼びかける＿＿＿が書かれています。ここから、呼びかける＿＿＿は＿だとわかりますので、＿を指す（B）が正解です。

25. The Football Union has announced that the new tournament is set to ------- next month.

(A) conduct
(B) revoke
(C) commence
(D) cease

タイプ（　　　　　　　　　）

✏ 選択肢には、異なる＿詞が並んでいますので意味を取っていきます。announced 以下が that 節となって「新しいトーナメントは＿＿（　　　）＿＿＿＿＿＿＿」という意味になっています。ここから＿詞で「＿＿＿＿＿」という意味の（C）が正解となります。（A）と（B）は＿詞で＿＿＿＿を取るため、ここでは文法的に合わず、（D）は＿詞・＿詞両方の意味がありますが、＿＿詞の場合は、＿＿＿＿＿＿＿＿＿＿という意味になるため、ここでは文意に合わず不正解となります。

26. The new A200 sports car is an ------- choice for those on a budget.

(A) economist
(B) economical
(C) economic
(D) economize

タイプ（　　　　　　　　　）

✏ 選択肢には、economy が形を変えて並んでいます。空所前が＿＿＿＿詞＿、空所後が＿詞となっていますので、空所には＿詞を修飾する＿＿＿詞が入ることがわかり、正解は（B）と（C）に絞ることができます。ここで文意を取ると、「この新しいスポーツカーは＿＿＿＿＿＿＿＿＿＿（　　　）＿＿＿＿＿＿＿」という意味になりますので、「＿＿＿＿＿」を意味する（B）が正解となります。

27. Due to the popularity of our new smartphone, the AX10, it has become challenging just finding the phone on display in stores, much ------- purchasing them.

(A) few
(B) less
(C) than
(D) more

タイプ（　　　　　　　　　　）

🖉 選択肢には、様々な＿＿や＿を表す語が並んでいます。意味を取っていくと、「新しいスマートフォンの人気により、店頭で見つけるのも難しく、（　　　）購入すること＿＿＿＿＿」とありますので、「店頭で見つけられず、＿＿＿＿＿購入すること＿＿＿＿＿」という意味になる（B）を入れると、文意が成立し正解となります。他の選択肢は＿＿的につなげることができず、不正解となります。SV, much less ...ing. で「＿＿＿＿＿＿＿＿＿＿＿＿＿＿＿＿＿＿＿＿」という決まり文句ですので、丸ごと覚えておきましょう。

28. Business consultancy companies like McCalister Inc. will need to hire ------- if they wish to solve their technical problems.

(A) mechanic
(B) mechanization
(C) mechanical
(D) mechanics

タイプ（　　　　　　　　　　）

🖉 選択肢には、＿詞 mechanic が形を変えて並んでいます。空所前を見ると、動詞 hire（＿＿＿＿＿）があり、空所後には＿＿＿があります。ここから、空所には＿＿＝＿を表す語が入ると考えます。mechanic は＿＿＿＿＿詞で「＿＿＿＿＿」という意味になりますので、文法的に＿＿＿＿＿の（D）が正解となります。今回は文の構造と意味が絞れても最終的には＿＿＿＿＿詞の＿＿＿形というところまで押さえないと正解できませんので、気をつけましょう。

29. With the rapid proliferation of the Internet, there has been a significant reduction ------- the use of public libraries.

(A) at
(B) towards
(C) in
(D) onto

タイプ （　　　　　　　　）

🖊 選択肢には、＿＿詞が並んでいます。空所前後の意味は、「公共図書館の＿＿（　　　）＿＿＿＿＿」という関係となっていますので、ここから「＿＿＿＿＿」を意味する（C）が正解となります。a reduction in〜で「＿＿＿＿」と覚えておくといいでしょう。他の選択肢は、（A）利用＿＿＿＿＿　（B）利用＿＿＿＿＿＿＿＿＿（D）利用＿＿＿＿＿＿＿＿と意味が通らなくなってしまうため、いずれも不正解となります。

30. T & S Inc. requests that each employee ------- with the standards set out in our working conditions policy.

(A) comply
(B) complies
(C) compliance
(D) complying

タイプ （　　　　　　　　）

🖊 選択肢には、＿詞 comply が形を変えて並んでいます。空所前後を見ると、＿＿＿詞 request が that 節を＿＿＿としていることがわかり、かつ空所がその節内の＿＿＿＿詞となっています。request that SV の場合、「S が V であると（いいな）と要求している」と、今現在は＿＿＿＿＿＿＿＿＿＿＿＿＿＿＿＿＿と要求している、という意味の「＿＿＿＿＿」を取ることになり、その場合のルールとして、that 節内の動詞は＿＿になります。以上から正解は（A）となります。節内の主語が＿人称＿数だからといって（B）を選ばないようにご注意ください。（D）は、節内に set out があるので一見当てはまりそうですが、set out 自体が文脈上＿＿詞として機能しているため、文法的に当てはまらず、不正解となります。

各設問該当ページ情報

各解説の空所の内容は、該当のページを参照してください。

Part 5	解説ページ
1	33
2	34
3	35
4	36
5	37
6	38
7	39
8	40
9	41
10	42
11	43
12	44
13	45
14	46
15	47
16	48
17	49
18	50
19	51
20	52
21	53
22	54
23	55
24	56
25	57
26	58
27	59
28	60
29	61
30	62

よりぬき！テスト

解説

概要・攻略法

トレーニング

問題

解説

確認テスト

解説

- [ ] inspection
- [ ] wonder if
- [ ] ever
- [ ] convenient
- [ ] due to
- [ ] lack
- [ ] fund
- [ ] profit
- [ ] ignore
- [ ] recession
- [ ] a connecting flight
- [ ] staff representative
- [ ] management
- [ ] bonus
- [ ] goal
- [ ] small businesses
- [ ] navigate
- [ ] difficulty
- [ ] associated with
- [ ] manufacturing process
- [ ] essential
- [ ] visitor
- [ ] design
- [ ] open to the public
- [ ] for free

点検、調査
～ではないかと思う
いったい
便利な
～が原因で
不足、欠乏
資金
利益
～を無視する
不景気、景気後退
接続便、乗継便
係員（＝スタッフを代表する人物）
管理者、幹部
賞与、ボーナス
目標
中小企業
進む
困難、トラブル
～に関連した
製造工程
重要だ、不可欠だ
訪問者
～を考案する
一般公開する
無料で

よりぬき！テスト / 解説 / 概要・攻略法 / トレーニング / 問題 / 解説 / 確認テスト / 解説

- [ ] thousands of
- [ ] application
- [ ] job opening
- [ ] gave away
- [ ] hire
- [ ] financial
- [ ] false
- [ ] utmost
- [ ] appropriate
- [ ] response
- [ ] accusation
- [ ] volcano
- [ ] erupt
- [ ] independently
- [ ] global marketplace
- [ ] broad
- [ ] supplier
- [ ] market report
- [ ] bring together
- [ ] concerning
- [ ] according to
- [ ] assure
- [ ] call on
- [ ] promote
- [ ] cause

何千もの〜
応募
求人
〜を手放す、漏洩させる
雇う
金融の、財政の
誤った
最高の、細心の
適切な
反応、返答
批判
火山
噴火する
独立して
世界市場
幅広い
サプライヤー、供給業者
市場に関する報告書
取りまとめる
〜に関して、〜に関する
〜によると
〜を保証する
〜に呼びかける、〜を訪問する
〜を促進する
大儀、理念、信念

よりぬき！テスト／解説／概要・攻略法／トレーニング／問題／解説／確認テスト／解説

- [ ] fight
- [ ] climate change
- [ ] be set to
- [ ] those
- [ ] budget
- [ ] popularity
- [ ] challenging
- [ ] on display
- [ ] purchase
- [ ] solve
- [ ] technical
- [ ] rapid
- [ ] proliferation
- [ ] significant
- [ ] reduction
- [ ] use
- [ ] public library
- [ ] standard
- [ ] set out
- [ ] working conditions policy
- [ ]
- [ ]
- [ ]
- [ ]
- [ ]

〜に対抗する
気候変動
〜することになっている、〜することが決まっている
人々
予算
人気
困難な
展示されている
〜を購入する
〜を解決する
技術的な
急速な
普及
かなりの
低下、減少
利用
公共図書館
基準
〜を定める
労働条件

1. The company says that using a new computer system will result in ------- waiting times than the current system.

2. To get your car insurance, you will need to ------- a copy of your driver's license by the end of the month.

3. It is suggested that students in university take a ------- internship in their chosen field as soon as possible.

4. The sudden increase in participants ------- the arrangements for the charity auction.

5. The inspection of the factory found all systems were in good working -------.

6. ------- the employees understood that the safety training was necessary, they wondered if it would ever be useable in real life.

7. The new supermarket is in a very convenient location directly ------- the mall.

8. ------- few people completed this year's survey due to the lack of funds.

9. ------- that the team will increase profits this year ignore the fact that the country is in recession.

10. ------- passengers unable to get a connecting flight in New York must talk to a staff representative.

11. All salespeople must ------- two sales reports to management by the end of the week if they wish to receive their bonus.

12. Sanders Consultancy's goal is to support small businesses in navigating their way ------- the difficulties often associated with the manufacturing process.

13. It is essential for visitors to ------- bears and other dangerous animals when visiting Wishew National Park.

14. Brooks University designed a programming course that has ------- been opened to the public so that anyone can learn for free.

15. Management at Wachstum, Inc. was ------- when they received thousands of applications for the job opening.

16. Mr. Sanders gave away his personal and financial information on the website -------.

よりぬき！テスト

解説

概要・攻略法

トレーニング

問題

解説

確認テスト

解説

17. WEC TV decided to hire a new financial ------- after the last one reported false data.

18. The government must choose with the utmost ------- an appropriate response to the accusations made against them.

19. The Krakatoa volcano erupted in 1883, which was the loudest sound ------- recorded by scientists.

20. Holme Village decided to give ------- to older people who are unable to live independently.

21. To successfully compete in the global marketplace, DF, Inc. will need to ------- a broad network of suppliers around the world.

22. This market report brings together one hundred businesses and suggestions from ------- concerning the future of the construction industry.

23. According to the Mercury News agency, Jones and Son, Inc. has assured all of their customers that next year's products will be more ------- priced.

24. Greenworld Charity has called on ------- to help promote their cause in fighting climate change.

25. The Football Union has announced that the new tournament is set to ------- next month.

26. The new A200 sports car is an ------- choice for those on a budget.

27. Due to the popularity of our new smartphone, the AX10, it has become challenging just finding the phone on display in stores, much ------- purchasing them.

28. Business consultancy companies like McCalister Inc. will need to hire ------- if they wish to solve their technical problems.

29. With the rapid proliferation of the Internet, there has been a significant reduction ------- the use of public libraries.

30. T & S Inc. requests that each employee ------- with the standards set out in our working conditions policy.

No.1

Questions 1-4 refer to the following e-mail.

① 問題タイプを見極めよう！

To: serena-tatler75@goojoomail.com

From: roberts_p@swingfast-realtors.com

Date: January 10

Subject: Rental contract

② 文選択問題の「パン」の部分を探してみよう！

Dear Ms. Tatler,

Thank you for viewing the vacant apartment on Grenadier Road with me yesterday. -------. I am pleased to inform you that he can
1.
accept a monthly rent of $900, a reduction from the advertised $980. He also agreed to your requested ------- date of January 27.
2.
For this to happen, please sign and send the attached contract. It must reach our office ------- Friday, January 18.
3.

Please note the need for a security deposit, which will be one month's rent. We ------- this to you when you vacate the
4.
apartment, providing there is no damage to the property.

Best regards,

Pascal Roberts

Swingfast Realtors

1. タイプ（　　　　　　　　　）

    (A) I am afraid it has already been oversubscribed.
    (B) I discussed your offer with the landlord.
    (C) I can meet you at the building entrance.
    (D) My friend and I are narrowing down its list of candidates.

2. タイプ（　　　　　　　　　）

❸-1
自分で解説してみよう！

    (A) spending
    (B) meeting
    (C) arriving
    (D) moving

3. タイプ（　　　　　　　　　）

    (A) by
    (B) from
    (C) until
    (D) at

4. タイプ（　　　　　　　　　）

    (A) will have returned
    (B) will return
    (C) are returning
    (D) were returned

No.1

Questions 1-4 refer to the following e-mail.

To: serena-tatler75@goojoomail.com

From: roberts_p@swingfast-realtors.com

Date: January 10

Subject: Rental contract

Dear Ms. Tatler,

Thank you for viewing the vacant apartment on Grenadier Road with me yesterday. -------. I am pleased to inform you that he can
1.
accept a monthly rent of $900, a reduction from the advertised $980. He also agreed to your requested ------- date of January 27.
2.
For this to happen, please sign and send the attached contract. It must reach our office ------- Friday, January 18.
3.

Please note the need for a security deposit, which will be one month's rent. We ------- this to you when you vacate the
4.
apartment, providing there is no damage to the property.

Best regards,

文章を読み直そう！

Pascal Roberts

Swingfast Realtors

124

1. (A) I am afraid it has already been oversubscribed.
  (B) I discussed your offer with the landlord.
  (C) I can meet you at the building entrance.
  (D) My friend and I are narrowing down its list of candidates.

🖉 文選択の問題ですので、空所前後の文を読んで適切なものを選びます。空所の前後は、「昨日、空室を一緒に内見いただきありがとう」、「彼は、＿＿＿＿＿＿＿＿＿＿＿＿＿＿＿＿してくれた」とありますので、この「彼」は＿＿＿＿＿する人だとわかります。ここでは彼＝＿＿と考えると、(B)＿＿＿＿＿＿＿＿＿＿＿＿＿＿＿＿、という選択肢の文意が通り、これが正解となります。(A)＿＿＿＿＿＿＿＿(C)＿＿＿＿＿＿＿＿＿＿(D)＿＿＿＿＿＿＿＿＿＿＿＿＿、はいずれも空所後の＿＿＿＿＿＿という文意に合わないため、不正解となります。

❸-2
自分で解説するのが難しいときは、まず穴埋めでポイントとコツを掴もう！

2. (A) spending
  (B) meeting
  (C) arriving
  (D) moving

🖉 空所は、your requested と date の間にあるため、date を＿＿＿する語が入るとわかります。選択肢の中には date とつながって意味が成立する語が複数あるため、文脈を取っていきましょう。空所を含む文の前後には、「家主が毎月の家賃を安くしてくれた」、「＿＿＿＿＿＿＿＿＿＿、添付の契約書に署名し送付してほしい」とあります。空所を含む文は「1月27日の＿＿＿＿＿（　　　）＿」となっていますので、ここから、＿＿＿＿＿＿、つまり＿＿＿＿＿＿とすると、文意が通ります。以上より、正解は (D) となります。

3. (A) by
(B) from
(C) until
(D) at

🖉 選択肢には前置詞が並んでいるので、＿＿型の可能性が高いと考えて解きましょう。空所を含む文は、「それ（＝＿＿＿）は 1 月 18 日の金曜日（　　　）当事務所に＿＿＿＿＿＿＿＿＿＿」となっており、＿＿を表す前置詞が入ることがわかりますので、この文のみで正解を導くことができます。選択肢の中で「＿＿＿＿」という＿＿を表す前置詞は（A）by で、これが正解です。（B）from は、「＿＿＿」という起点を表します。（C）until は和訳すると、「＿＿＿＿」と一見 by と同じ意味にも見えそうですが、これは「＿＿＿＿＿＿」と＿＿を意味する前置詞で、ここでは文意に合いません。

4. (A) will have returned
(B) will return
(C) are returning
(D) were returned

🖉 選択肢に述語動詞 return が＿＿と＿を変えて並んでいるため、空所の直前の文を見て文脈で判断していきましょう。「敷金が必要となる」→「その物件に損傷等なければ、あなたがアパート＿＿＿＿＿＿際に我々はそれを return する」という文脈になっています。ここから、＿＿＿＿＿＿のは、＿＿＿＿＿＿＿＿＿＿＿＿＿＿＿＿、かつ＿＿＿＿時に異常がない条件での、＿＿のことであることがわかりますので、（B）の＿＿＿＿形を入れれば文意が通ります。（A）は＿＿＿＿形で、この文法表現は、「＿＿＿＿＿（by the time SV）」等の意味がないと、文意が成立しません。（C）は＿＿の意味もありますが、ここで入れてしまうと、「＿＿＿＿＿＿＿＿＿＿＿＿＿＿＿＿＿＿＿＿」という意味になってしまうので、ここでは不正解となります。

❸-3

解説の空欄を確認しよう！

1. タイプ：文選択（文脈型）

文選択の問題ですので、空所前後の文を読んで適切なものを選びます。空所の前後は、「昨日、空室を一緒に内見いただきありがとう」、「彼は、広告価格よりも値下げした家賃を承諾してくれた」とありますので、この「彼」は家賃を管理する人だとわかります。ここでは彼＝大家と考えると、(B) 私（メール差出人）が家主と話した、という選択肢の文意が通り、これが正解となります。(A) 定員数を超えた (C) 建物の入り口で会う (D) 友人と私が候補者を絞る、はいずれも空所後の家賃値下げという文意に合わないため、不正解となります。

2. タイプ：語彙問題（文脈型）

空所は、your requested と date の間にあるため、date を修飾する語が入るとわかります。選択肢の中には date とつながって意味が成立する語が複数あるため、文脈を取っていきましょう。空所を含む文の前後には、「家主が毎月の家賃を安くしてくれた」、「これを実現するためには、添付の契約書に署名し送付してほしい」とあります。空所を含む文は「1 月 27 日の希望した（　　　）日」となっていますので、ここから、アパート入居、つまり引っ越しの日とすると、文意が通ります。以上より、正解は (D) となります。

3. タイプ：語彙問題（独立型）

選択肢には前置詞が並んでいるので、独立型の可能性が高いと考えて解きましょう。空所を含む文は、「それ（＝契約書）は 1 月 18 日の金曜日（　　　）当事務所に届いていなくてはならない」となっており、期限を表す前置詞が入ることがわかりますので、この文のみで正解を導くことができます。選択肢の中で「〜までに」という期限を表す前置詞は (A) by で、これが正解です。(B) from は、「〜から」という起点を表します。(C) until は和訳すると、「〜まで」と一見 by と同じ意味にも見えそうですが、これは「〜までずっと」と継続を意味する前置詞で、ここでは文意に合いません。

4. タイプ：文法問題（文脈型）

選択肢に述語動詞 return が時制と態を変えて並んでいるため、空所の直前の文を見て文脈で判断していきましょう。「敷金が必要となる」→「その物件に損傷等なければ、あなたがアパートを引き払う際に我々はそれを return する」という文脈になっています。ここから、return するのは、このメールの受取人が住み始めて、かつ引き払い時に異常がない条件での、将来のことであることがわかりますので、(B) の単純未来形を入れれば文意が通ります。(A) は未来完了形で、この文法表現は、「いつの時点で (by the time SV)」等の意味がないと、文意が成立しません。(C) は未来の意味もありますが、ここで入れてしまうと、「すでに敷金を返金する手配を整えつつある」という意味になってしまうので、ここでは不正解となります。

よりぬき！テスト

解説

概要・攻略法

トレーニング

問題

解説

確認テスト

解説

- [ ] vacant
- [ ] be pleased to
- [ ] inform
- [ ] monthly rent
- [ ] reduction
- [ ] advertise
- [ ] attached
- [ ] security deposit
- [ ] providing SV
- [ ] property
- [ ] Best regards
- [ ] I am afraid that SV
- [ ] oversubscribed
- [ ] landlord
- [ ] narrow down
- [ ] candidate
- [ ]
- [ ]
- [ ]
- [ ]
- [ ]
- [ ]
- [ ]
- [ ]
- [ ]

空の
喜んで～する
～に知らせる
毎月の賃料
値下げ、削減
～を広告宣伝する
添付の
敷金、保証金
SがVだとすると
不動産（物件）
敬具、よろしくお願いします
SがVであることをすまなく思う
（申込者が）定員を超えた
大家、家主
（候補等）を絞り込む
候補者

⑤ 語句をマスターしよう！
空いたスペースを使って、自分なりの
語彙リストを作成してみよう。

よりぬき！テスト

解説

概要・攻略法

トレーニング

問題

解説

確認テスト

解説

Questions 5-8 refer to the following advertisement.

FlyRight Airport Lounges makes it easy for business travelers ------- **5.** their trip off to a relaxing start. Wave goodbye to ------- **6.** departure areas and step into a calm, tastefully decorated lounge without the need for a business class ticket. For a monthly membership fee of $45, our network of lounges in major US airports is open to you. -------. **7.** Each branch is equipped with wireless Internet, ------- **8.** own self-service beverage bar, and shower facilities. Go to www. flyrightlounges.com today to see a better way to travel.

5. (A) that get
(B) to get
(C) gets
(D) have gotten

6. (A) modernized
(B) reserved
(C) unexpected
(D) crowded

7. (A) We understand it can be challenging to catch early flights.
(B) You can get even cheaper access by opting for an annual deal.
(C) That is why your security is our top priority.
(D) The Chicago branch is due to open on May 1 with extra facilities.

8. (A) it
(B) you
(C) its
(D) your

5. タイプ（　　　　　　　　　　）

選択肢には動詞 get が形を変えて並んでいます。この時点では独立型か文脈型か判断できないので、まずは空所を含む文を読むと、「フライライト空港ラウンジは、出張されるお客様のリラックスした＿＿＿＿＿（　　　）＿＿＿にするお手伝いをいたします」とあります。空所に＿＿＿詞を入れ、「＿＿＿＿＿＿＿＿＿＿」と、＿＿＿詞の＿＿＿的用法の形にすれば、make it easy for A ＿ V（A が V することを＿＿＿＿＿＿）となり、文意に合うので、正解となります。この問題は make it easy for A ＿＿V の it が＿＿＿＿＿詞の＿＿＿的用法を指しているという構文の形を見抜くことができるか、がカギとなっています。それ以外の選択肢は文法的に成り立たないため、いずれも不正解となります。

6. タイプ（　　　　　　　　　　）

選択肢には動詞の -ed 形が並んでいます。空所を含む文の意味を取ると、「（　　　）出発エリアに別れを告げ、＿＿＿＿＿＿＿＿＿＿インテリアのラウンジへ」とあるので、前半に、＿＿＿＿＿＿＿＿＿＿＿＿と＿＿＿した表現が入ることが推測できます。ここから calm（＿＿＿＿）と＿＿＿＿な意味を表す crowded（＿＿＿＿＿）と入れると、＿＿＿の関係が成立し、正解となります。(A)(B)(C) は、＿＿＿の意味とはならないため、ここでは不正解です。この問題は単文の中に＿＿＿の表現がありましたが、このような関係を空所を含む文の中に見つけることができなければ、前後の文を見ながら解く、文脈型の要素もある問題です。

7. タイプ（ 　　　　　　　　　　　　 ）

🖉 　空所は、文選択問題となっています。空所前後を見ていくと、前には「＿＿＿＿＿
＿＿＿＿＿＿で、アメリカの主要空港にある当社ラウンジが利用可能」、後ろには「ど
のラウンジにも＿＿＿＿＿＿＿＿＿＿」とあります。ここから、このいずれかに関連した
表現を選択肢から探していくと、(B) ＿＿＿＿＿＿＿＿＿＿＿＿＿＿＿＿＿＿＿、とあり、
空所前の文の＿＿＿＿＿＿に関してつながりが出てきますので正解となります。この選
択肢の"＿＿＿＿＿＿＿＿"を見つけられれば、前の文の「＿＿＿＿＿＿関連だ！」と気づ
くことができます。それ以外の選択肢は (A) ＿＿＿＿＿＿＿＿＿＿＿＿ (C) ＿＿＿＿＿
＿＿＿＿＿＿＿＿＿ (D) ＿＿＿＿＿＿＿＿＿＿＿＿＿＿は、この文脈では出てこない話題で
あるため、いずれも不正解です。

8. タイプ（ 　　　　　　　　　　　　 ）

🖉 　選択肢には代名詞が並んでいます。空所を含む文を読むと、「どのラウンジに
も無線インターネット、（　　　）＿＿＿＿＿セルフサービスドリンクバーやシャワー施
設が完備されている」とあります。「＿＿＿＿＿＿＿＿＿＿」という関係にすれば文意
は成立しますので、「＿＿＿＿＿＿＿＿」を意味する＿＿＿＿＿代名詞の (C) が正解です。
この問題は、＿＿＿＿＿＿＿＿ X（自分自身が所有する X）という表現と、文自体が「X is
equipped with A, B, and C. （X は A,B,C が＿＿＿）」と with 以下に＿＿＿＿＿＿＿＿＿＿＿
＿＿＿を並列にした形であることがわかれば、選択肢の it=＿＿＿＿＿＿＿＿＿ という関係だ
と理解できます。代名詞は、それぞれが誰（何）を指すか、を文または文章を読み
ながら見極めていく必要があります。

No.3
Questions 9-12 refer to the following article.

February 12: Software development firm Reeder Associates has announced a program of summer internships for college students. There will be ten places available for students currently in the third year of a science, technology or engineering major. -------. **9.** In the recent past, certain companies ------- **10.** of using unpaid internships for their own benefit and not for the students'. Reeder Associates has responded to these concerns by ensuring that each participant receives a generous ------- **11.** and practical work experience. -------, **12.** the company has stated that it aims to hire at least some of the interns once they have graduated.

9. (A) Some people have questioned the value of such programs.
(B) Applying for a place is not entirely straightforward.
(C) There tend to be few female students in these subjects.
(D) The company specializes in solutions for small and medium enterprises.

10. (A) are accusing
(B) accuse
(C) have been accused
(D) had accused

11. (A) reference
(B) negotiation
(C) portion
(D) allowance

12. (A) Furthermore
(B) Regardless
(C) Otherwise
(D) Comparatively

9. タイプ（　　　　　　　　　　）

✐ 空所は、文選択問題となっています。冒頭に「リーダー・アソシエイツは＿＿＿＿＿＿＿＿＿＿＿＿＿＿を行う予定」とあり、空所後は「近年、ある企業が＿＿＿で実習生を＿＿＿していると（空所10）。リーダー・アソシエイツはこうした＿＿＿に＿＿＿した」とあるので、「＿＿＿＿＿＿＿＿＿＿＿＿＿＿＿＿＿＿＿＿＿＿＿＿」ことが推察されます。ここから、「＿＿＿＿＿＿＿＿＿＿＿＿＿＿＿＿＿＿」という（A）が、文意に合い、正解となります。（B）＿＿＿＿＿＿＿＿＿＿＿＿＿＿（C）＿＿＿＿＿＿＿＿（D）＿＿＿＿＿、はいずれも本文の文脈とは関連しないため、不正解となります。

10. タイプ（　　　　　　　　　　）

✐ 選択肢には、他動詞 accuse が形を変えて並んでいます。空所直後には＿＿＿＿＿＿があるため、＿＿＿語がありません。ここから「主語との＿＿＿関係がある」と考えることができるので、（C）が正解となります。動詞問題の場合、＿＿＿を問われる場合は文脈で判断する必要がありますが、今回の問題のように、＿動詞で＿＿＿語がない場合は＿＿＿態の関係となることがわかると、文脈ではなく独立型として解くことができます。このような動詞問題を解く際は、Part 5 同様に「主語の数（単数か複数か）」、「態（能動か受動か）」、「時制（現在、過去、未来、完了、進行）」を見て、それでも正解を導き出せない場合のみ、文脈を考えて解きましょう。

11. タイプ（　　　　　　　　　　）

✐ 選択肢には意味の異なる名詞が並んでいるので、空所の前後の意味を取りながら見ていきましょう。空所前は「近年、ある企業では＿＿＿＿＿＿＿＿＿＿＿＿＿＿＿＿＿＿＿」とあり、空所を含む文は「＿＿＿＿＿（　　　　）＿＿＿＿＿＿＿＿ように保証する」とあるので、ここから＿＿＿＿＿＿＿＿といった意味の単語が入ることがわかります。以上から正解は（D）となります。allowance は、ここでは＿＿＿＿＿＿、といった意味で使用されていますが、それ以外に、＿＿＿（＿）、＿＿＿＿等、いろいろな意味があるので、文脈に応じて使い分けられるようにしておきましょう。

12. タイプ （　　　　　　　　　　）

🖊 選択肢には副詞、接続表現等、意味の異なる語が並んでいます。空所を含む文の前後を見ながら意味を取っていきましょう。空所の前には「リーダー・アソシエイツ社は参加者に＿＿＿＿＿＿＿の＿＿を保証」、後ろには「実習生の卒業時に、＿＿＿＿＿＿＿も検討」とあります。プログラムを行う会社の提示内容を＿＿して記載していることがわかるので、＿＿を意味する＿＿＿＿である（A）が正解となります。（B）は単独ではなく Regardless of の形で、「＿＿＿＿＿＿」という意味で用いられます。（C）は「＿＿＿＿＿＿」と前の条件が行われない場合に、（D）はあるものと＿＿して表現したい場合に使用する副詞で、いずれもあてはめた場合文意に合わず不正解です。

各設問該当ページ情報

各解説の空所の内容は、該当のページを参照してください。

Part 6	解説ページ
1	65
2	66
3	67
4	68
5	70
6	71
7	72
8	73
9	75
10	76
11	77
12	78

- [ ] get A off to a ~ start
- [ ] relaxing
- [ ] wave goodbye to
- [ ] step into
- [ ] calm
- [ ] tastefully decorated
- [ ] lounge
- [ ] equipped with
- [ ] a better way
- [ ] challenging
- [ ] even
- [ ] opt
- [ ] annual deal
- [ ] top priority
- [ ] be due to
- [ ] extra facilities
- [ ] firm
- [ ] internship
- [ ] available
- [ ] major
- [ ] benefit
- [ ] concern
- [ ] ensure
- [ ] generous
- [ ] practical

A を〜なスタートにする
リラックスした、くつろいだ
〜に手を振って別れを告げる
〜に足を踏み入れる
静かな
趣味よく飾られた
ラウンジ、休憩室
〜を完備している
より良い方法
難しい
より一層
選択する
年間契約
最優先
〜する予定である
追加施設
会社
実習生研修
利用できる
専攻科目
利益
懸念
〜を確実にする
気前よく、寛大な
実践的な

- [ ] aim to
- [ ] intern
- [ ] once
- [ ] question
- [ ] value
- [ ] entirely
- [ ] straightforward
- [ ] subject
- [ ] specialize in
- [ ] solution
- [ ] small and medium enterprises
- [ ]
- [ ]
- [ ]
- [ ]
- [ ]
- [ ]
- [ ]
- [ ]
- [ ]
- [ ]
- [ ]
- [ ]
- [ ]
- [ ]

～するのを目指す
実習生
（接続詞として）一度～すると
～を質問する、疑問に思う
価値
全体的に
単刀直入な、容易な
科目
～に特化する
解決法
中小企業

よりぬき！テスト
解説
概要・攻略法
トレーニング
問題
解説
確認テスト
解説

トレーニングの流れは掴めましたか？

全 32 問（Part 5：20 問、Part 6：3 セット（12 問））のトレーニング問題を使って、

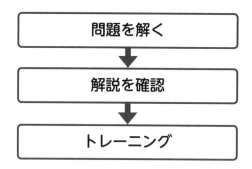

の一連の流れを早速実践してみましょう！

1. Before starting the management training program, all employees must take an ------- business course.

(A) introducing
(B) introduction
(C) introduce
(D) introductory

2. The university provides a scholarship for underprivileged students ------- those who cannot afford to attend may still do so.

(A) in order that
(B) the fact that
(C) notwithstanding
(D) thoroughly

3. After twenty years of service, Ms. Hartford felt a ------- sense of relief and sadness after the retirement party.

(A) combining
(B) combined
(C) combine
(D) combo

4. To make the author's writing clearer, the editor amended the author's ------- expressions and inconsistent grammar.

(A) vague
(B) keen
(C) patient
(D) illustrative

5. The accountant, John McCabe, doesn't have a friendly manner with clients, and his colleague Andrea -------.

(A) respectively
(B) too
(C) likewise
(D) did

6. If a guest wishes to keep their room after 12:00 P.M., Lux Hotel requires an additional payment ------- to 20% of the nightly rate.

(A) equipped
(B) equivalent
(C) equivalence
(D) equivalently

7. Education Consultancy, Inc. helps teachers and schools create a safe, inclusive, and ------- learning environment.

(A) support
(B) supporting
(C) supportive
(D) supportively

8. The Movie Appreciation Collective would like to congratulate Mr. Arnolds ------- the success of his new feature film, "Journey to the Edge."

(A) from
(B) on
(C) at
(D) during

9. The celebration far exceeded all of the others in ------- years, both in terms of cost and scale.

(A) latest
(B) twice
(C) ago
(D) former

10. Any adjustments to the design of the new product line must be made in -------, and agreed on by the board of directors.

(A) writer
(B) writers
(C) writing
(D) writings

11. All members of Power Gym are advised to ------- hydrated during their workouts.

(A) misplace
(B) maximize
(C) retrieve
(D) stay

12. All personnel must sign out ------- leaving the building, even for short periods of time.

(A) when
(B) during
(C) although
(D) at

よりぬき！テスト

解説

概要・攻略法

トレーニング

問題

解説

確認テスト

解説

13. Please refrain from using your phone ------- the duration of the play.

(A) for
(B) between
(C) from
(D) towards

14. The chemical company, Li Dynamics, is ------- associated with the local university's science department.

(A) freshly
(B) closely
(C) sparsely
(D) averagely

15. Having produced ten albums by 1980, Arnold Abelman is widely considered as a ------- musician in the industry, and an exceptional artist.

(A) competent
(B) adequate
(C) outright
(D) fixed

16. Tomorrow, Streamline Boats, Inc. ------- to increase their manufacturing output to keep up with the recent increase in demand.

(A) intends
(B) have intended
(C) has been intending
(D) intended

17. The report ------- a rise in sea level of over 30 centimeters by 2050 was signed by over one thousand scientists.

(A) predicting
(B) predicted
(C) predict
(D) prediction

18. Please submit a written ------- of your intention to start working with us no later than March 25.

(A) allowance
(B) signature
(C) image
(D) confirmation

19. In light of recent financial difficulties, the supplementary budget for this year's marketing strategy remains under ------- after the board meeting.

(A) agreement
(B) deliberation
(C) approval
(D) view

20. ------- refuses to follow the building rules and regulations may be requested by management to vacate the building.

(A) Anyone
(B) Those
(C) Whoever
(D) Whichever

No. 1

Questions 1-4 refer to the following policy.

All customers of Tazaki department store are welcome to use our underground parking facilities. However, please be aware that free parking is only ------- to customers whose purchases exceed $25.
1.
-------. In all other cases, fees are charged at the rates displayed at
2.
the parking lot entrance. ------- the size of your purchase, free
3.
parking is limited to 90 minutes. Please note that this policy -------
4.
only to the downtown Salesbury store. Our Heatherstone Mall branch has extensive free parking.

1. (A) convinced
(B) granted
(C) substituted
(D) financed

2. (A) Produce your ticket when paying for goods to get it validated.
(B) This is not the only great offer we have for you this month.
(C) Simply fill out a membership form and post it in the box at the main door.
(D) The store does not accept any liability for traffic accidents.

3. (A) Depending on
(B) After all
(C) No matter
(D) In case

4. (A) will have applied
(B) applies
(C) applied
(D) was applying

No. 2

Questions 5-9 refer to the following invitation.

Bunnard Easton is celebrating twenty-five years in the office supply business. Thanks to your support, we ---5.--- from a small store in Boston. We are now a market leader, with orders ---6.--- from over all the east coast.

As a ---7.--- customer, you are warmly invited to our anniversary dinner on

March 20

From 7:00 P.M.

At Galaxy Event Room, Brighton Hotel, Oxnard

Enclosed are two tickets, one for a senior manager in your firm, the other for a guest of your choice. ---8.---. Kindly respond by February 28.

---

5. (A) are growing
    (B) grow
    (C) will grow
    (D) have grown

6. (A) come
    (B) came
    (C) coming
    (D) comes

7. (A) potential
    (B) gifted
    (C) valued
    (D) flexible

8. (A) The venue remains under deliberation.
    (B) This need not be one of your employees.
    (C) We have arranged accommodation based on your request.
    (D) The initial seating plan contained an error.

No.3

Questions 9-12 refer to the following memo.

To: All store employees

From: Karim Hussein, Manager

Subject: Staff meeting

Date: May 6

--------. To discuss how we can act on them, there will be a store
9.
meeting on May 9. -------- this, a copy of the report will be sent to
10.
each employee's e-mail account.

As you know, the questions -------- so that we could identify any
11.
weaknesses in our customer service or product selection. Last

month's drop in sales highlights the need to improve in order to

stay ahead of the --------. I look forward to hearing your
12.
suggestions and responses at the meeting.

9. (A) Senior management has
decided to rearrange
store clerks' duties.
(B) Our summer sales
campaign will have
differences from last
year's.
(C) I have received the staff
training materials from
the head office.
(D) The answers from our
recent customer survey
have been analyzed.

10. (A) Aside from
(B) According to
(C) Out of
(D) Prior to

11. (A) were asked
(B) will be asked
(C) asked
(D) are asking

12. (A) schedule
(B) competition
(C) customer
(D) satisfaction

Chapter 2　解答一覧

Part 5	正答	解答時間
1	D	①
2	A	②
3	B	①
4	A	③
5	C	③
6	B	①
7	C	①
8	B	③
9	D	③
10	C	③
11	D	③
12	A	②
13	A	③
14	B	③
15	A	③
16	A	②
17	A	②
18	D	③
19	B	③
20	C	②

Part 6	正答	解答時間
1	B	①
2	A	③
3	C	①
4	B	②
5	D	②
6	C	①
7	C	②
8	B	③
9	D	③
10	D	②
11	A	②
12	B	①

解答時間一覧

Part 5	Part 6
① 5-10 seconds	① 10 seconds
② 15 seconds	② 25 seconds
③ 30 seconds	③ 60 seconds

1. Before starting the management training program, all employees must take an ------- business course.

管理者教育プログラムを始める前に、従業員は全員、入門のビジネス講座を取らなければなりません。

(A) introducing
(B) introduction
(C) introduce
(D) introductory

(A) 紹介すること
(B) 紹介
(C) 〜を紹介する
(D) 入門の

正解　D

タイプ　文法問題　品詞

解説

選択肢には、動詞 introduce が形を変えて並んでいます。空所前後を見ると、空所前には不定冠詞 an があり、空所後には business course という名詞句がありますので、空所には、business course を修飾する語が入ることがわかります。研修・実習という語を修飾するのは、(D) の「入門の」がピッタリで、これが正解となります。(B) introduction もなんとなく複合名詞的に入りそうですが、ここでは意味が通りません。give an introduction to the course「その研修に対する紹介をする」という文脈なら入れることが可能です。

◯ワンポイント

冠詞＋空所＋名詞という表現では、ほとんどの場合形容詞が正解となります。品詞問題で今回と似たようなパターンがあれば、「あ、形容詞かな？」とアタリをつけておくのもいいかもしれません。

語句
- management training program　管理者教育プログラム
- business course　ビジネス講座

2. The university provides a scholarship for underprivileged students ------- those who cannot afford to attend may still do so.

その大学は通学する金銭的余裕のない学生が引き続き通学できるよう、困窮している学生向けに奨学金を提供しています。

(A) in order that
(B) the fact that
(C) notwithstanding
(D) thoroughly

(A) ～のために
(B) ～という事実
(C) ～にもかかわらず
(D) 完全に

正解　A

タイプ　**文法問題　接続詞**

解説

選択肢には、接続表現、前置詞、副詞が並んでいますので、意味を取っていきましょう。空所前が「大学が困窮している学生向けに奨学金を支給する」、空所後が「金銭的余裕のない学生が継続して通学できる」とありますので、空所後が目的で、となるように接続すれば文意が成立します。以上から、節を導き、「～のために」となる意味の (A) が正解となります。(A) は so that と同じ意味だと捉えてください。今回は空所前後で節が 2 つありますので、それ以外の選択肢を当てはめると、文法的に成立せず、不正解となります。

⮕ ワンポイント

(C) notwithstanding は、少し難しめの語ですが、despite, in spite of と同じ意味だと覚えておきましょう。時折 Part 5 の正解の選択肢として登場する場合があります。

語句
□ provide A for 人　人に A を支給する　□ scholarship　奨学金
□ underprivileged　金銭的に苦しい　□ afford to　～する金銭的余裕がある
□ attend　（学校など）に通う

3. After twenty years of service, Ms. Hartford felt a ------- sense of relief and sadness after the retirement party.

20 年勤めたのち、Hartford さんは退職パーティーの後で安堵と悲しみが混じり合った感覚を覚えました。

(A) combining　　　　　　　(A) 合成
(B) combined　　　　　　　(B) 混じり合った
(C) combine　　　　　　　　(C) ～を混ぜ合わせる
(D) combo　　　　　　　　　(D) 組み合わせ

正解　B

タイプ　文法問題　品詞 （5-10 seconds）

解説

選択肢には、動詞 introduce が形を変えて並んでいます。空所前後を見ると、空所前には不定冠詞 a があり、空所後には sense という名詞がありますので、空所には、sense（感覚）という語を修飾する形容詞が入ることになります。選択肢を見ると、(B) の「混じり合った」という分詞表現が名詞を修飾することができますので、これが正解となります。文全体を見ていくと、「安堵と悲しみの感覚」ということがわかりますので、これらが「混じり合った」という感覚であることから正解を導き出すこともできます。

⤵ワンポイント

「混じり合った気持ち」は、他にも mixed feeling という表現を使ったりします。喜びと不安といったような、ポジティブとネガティブで対比される語が使われます。

語句
□ relief 安堵　□ retirement party 退職パーティー

4. To make the author's writing clearer, the editor amended the
author's ------- expressions and inconsistent grammar.

著者の文章をより明確にするため、編集者は著者の曖昧な表現や一貫性のない
文法を修正しました。

(A) vague
(B) keen
(C) patient
(D) illustrative

(A) 曖昧な
(B) 鋭い
(C) 忍耐強い
(D)（図解により）理解・説明を助ける

正解 **A**

タイプ 語彙問題 （30 seconds）

解説

選択肢には、異なる形容詞が並んでいますので意味を取っていきましょう。「著
者の文章を明確にするため、編集者は著者の（　　　）表現や一貫性のない文
法を修正した」という意味になっています。ここから明確にするために修正す
る状態を表す表現が入ることがわかりますので、「曖昧に」を意味する（A）が
正解となります。

ワンポイント

(B) は keen expression で「鋭い顔つき、表情」という意味で使うこともあります。
今回は少し意味が異なりますが、押さえておきたい表現の1つです。

語句
□ writing 著作物　□ editor 編集者　□ amend ～を修正する
□ inconsistent 一貫性のない　□ grammar 文法

5. The accountant, John McCabe, doesn't have a friendly manner with clients, and his colleague Andrea -------.

会計士の John McCabe は顧客に対し親しみのある態度をとらず、そして彼の同僚の Andrea も同様です。

(A) respectively
(B) too
(C) likewise
(D) did

(A) それぞれ
(B) ～もまた
(C) 同様に
(D) しました

正解 **C**

タイプ **語彙問題** (30 seconds)

解説

選択肢には、異なる副詞等が並んでいます。文意は「会計士は顧客に対し親しみのある態度をとらず、そして彼の同僚は（　　　）」となります。ここからカンマ前と同様である、という意味となる (C) が正解となります。likewise を入れることで、カンマ以下が、and his colleague Andrea doesn't have has friendly manner with clients という意味を表します。否定文で too を用いることができないため (B) は不正解となります。(A) は、名詞を並べて「それぞれ」という意味になりますが、「それぞれ」に相当するものがありません。(D) は時制が合わず、かつ前の文と矛盾するため文意にも合わず不正解となります。

➡ワンポイント

(B) は、too ではなく neither という表現を使えば、Andrea もまた同様の態度をとらない、という意味になります。

語句
□ accountant 会計士　□ friendly manner 親しみのある態度

6. If a guest wishes to keep their room after 12:00 P.M., Lux Hotel requires an additional payment ------- to 20% of the nightly rate.

宿泊客が午後 12 時以降も部屋の確保を希望する場合、Lux ホテルは一泊料金の 20％に相当する追加支払いを求めます。

(A) equipped
(B) equivalent
(C) equivalence
(D) equivalently

(A) 備わった
(B) 相当する
(C) 等値
(D) 同等に

正解 B

タイプ 文法問題 品詞 (5-10 seconds)

解説

選択肢には、equivalence の形を変えたもの等が並んでいます。空所前後の意味を見ると、空所前が an additional payment（追加支払い）とあり、空所後が to 以下で「一泊料金の 20％」とありますので、後置修飾により「相当する」という意味になる形容詞の（B）を選ぶと正解となります。A equivalent to B で「B に相当する A」という意味になります。他の選択肢は（A）equipped は、to 不定詞を伴って、「〜するために備わった」となり、ここでは文意に合いません。（C）は文法的に当てはめられず、（D）副詞は、文法的に当てはめることはできますが、「20％に対して同等に追加料金を申し受ける」と意味が通じなくなってしまうため、いずれも不正解となります。

ワンポイント

今回のように後置修飾する形容詞というのは時折登場します。available 等が代表格です。名詞（that is）形容詞、と、名詞と形容詞の間に関係詞と be 動詞が修飾されているんだ、と考えると文の構造がとらえやすくなります。

語句
□ additional payment 追加の支払い
□ nightly rate 一泊の料金（= rate per night）

7. Education Consultancy, Inc. helps teachers and schools create a safe, inclusive, and ------- learning environment.

Education コンサルタント社は教師や学校が安全で包括的で支持的な学習環境を創造するお手伝いをしています。

(A) support
(B) supporting
(C) supportive
(D) supportively

(A) 〜を支援する
(B) 支える
(C) 支持的な
(D) 支持的に

正解 **C**

タイプ **文法問題　品詞** (5-10 seconds)

解説

選択肢には、support の形を変えたものが並んでいます。空所前後の意味を見ると、空所前が a safe, inclusive, and となっており、空所後は learning environment という名詞句があります。ここから、この learning environment を修飾する形容詞が並列していることがわかりますので、形容詞である (C) が正解となります。(B) も形容詞の用法がありますが、物理的に建物を支える、という意味で、違う場面で使用されるため、ここでは不正解です。

ワンポイント

この問題は、形容詞が並列になっていること、つまり、A, B, and C の関係がわかれば正解を導きやすくなっていますが、文中には and が 2 つあります。前者は teachers と schools という名詞を並列化しているので、この部分をしっかり見極めてください。加えて、この文は help + O + create（O が〜を創造するのを手伝う）という用法になっていることも押さえておきましょう。

語句
☐ create 〜を創り出す　☐ inclusive 包括的な
☐ learning environment 学習環境

8. The Movie Appreciation Collective would like to congratulate Mr. Arnolds ------- the success of his new feature film, "Journey to the Edge."

Movie Appreciation Collective は Arnolds 氏の新たな長編映画「Journey to the Edge」の成功に関して彼に祝意を表したいと思います。

(A) from
(B) on
(C) at
(D) during

(A) ～から
(B) ～に関して
(C) ～に
(D) ～の間

正解 **B**

タイプ **語彙問題**

解説

選択肢には、前置詞が並んでいます。文意は「Movie Appreciation Collective は Arnolds 氏の新たな長編映画の成功に（　　　）、彼を祝福したい」となっていますので、「新たな長編映画の成功に関してお祝いする」という意味になるようにすれば文意が成立します。よって、「～に関して」という意味となる (B) が正解となります。その他の選択肢は当てはめてみても意味が通らず不正解となります。

⭕️ワンポイント

(B) on は、特定のトピックやテーマについて、「～に関して」という意味になります。

語句
□ feature film 長編の映画

9. The celebration far exceeded all of the others in ------- years, both in terms of cost and scale.

この祝賀会は、費用および規模の両方に関し、かつての年のどの会よりもはるかに上回りました。

(A) latest	（A）最新の
(B) twice	（B）2度
(C) ago	（C）前に
(D) former	（D）かつての

正解 **D**

タイプ **語彙問題** 30 seconds

解説

選択肢には、形容詞、副詞等が並んでいますので、意味を取って手掛かりを探していきましょう。文意は「この祝賀会は、費用および規模の両方の点で、（　　　）の年のどれよりもはるかに上回った」となっていますので、「過去これまでの年のどれより」とすると文意が成立します。以上より、「かつての」という意味になる (D) が正解となります。(A) は、「最新の」と過去とは反対の意味となり、(B)、(C) は years と結びつかないため、いずれも不正解となります。

ワンポイント

文中の far は、比較の文脈で用いられ、「はるかに」と比較の程度を強調する表現です。今回は単独で出現しましたが、実際の TOEIC では比較級を強調する表現の1つとしても狙われます。

┌ **語句** ─────────────────────────────
│ □ celebration 祝賀会　□ far ずっと、はるかに　□ exceed ～を超える
│ □ in terms of ～の点で、～に関して　□ scale 規模
└──────────────────────────────────

10. Any adjustments to the design of the new product line must be made in -------, and agreed on by the board of directors.

新しい製品ラインの設計へのどの調整も書面で行われ、取締役会により合意されなければなりません。

(A) writer
(B) writers
(C) writing
(D) writings

(A) 作家
(B) 作家たち
(C) 書面
(D) 著作集

正解 **C**

タイプ **語彙問題** (30 seconds)

解説

選択肢には、write の名詞の形が並んでいます。空所前を見ると、must be made in という形になっており、「書面でなされなくてはいけない」という文脈になっていることがわかります。in writing で「書面で」という意味になる (C) が正解となります。(A) (B) は、人を指す語、(D) writings は writing を複数形にした場合、書物を指しますので、いずれも文意に合わず、不正解となります。

⊙ワンポイント

今回の in writing「書面で」という表現は、リーディングセクションでよく使われますので、知らなかった方は必ず押さえるようにしましょう。

語句
□ adjustment 調整　□ product line 製品ライン
□ agreed on 〜に同意する　□ the board of directors 役員会・取締役会

11. All members of Power Gym are advised to ------- hydrated during their workouts.

Power ジムのメンバーの皆さんには運動の間水分補給をするよう推奨します。

(A) misplace
(B) maximize
(C) retrieve
(D) stay

(A) 〜を置き忘れる、紛失する
(B) 〜を最大化する
(C) 〜を取り出す、取り戻す
(D) 〜のままでいる

正解　D

タイプ　文法＋語彙問題　自動詞 vs 他動詞

解説

選択肢には、意味の異なる動詞が並んでいます。しかし、よく見ると、(A)、(B)、(C) は他動詞で、(D) のみ自動詞となっています。空所後に形容詞の hydrated「水分補給する」がありますので、(D) を入れると、「水分補給をした状態にする」と文意も通ります。よってこれが正解です。他の選択肢は、全て目的語として名詞を伴い (A) 〜を置き忘れる、(B) 〜を最大化する、(C) 〜を取り戻す、という意味となりますが、今回は文法的にいずれも不正解となります。

→ワンポイント

stay は第 2 文型で用いられる動詞で、be と同じ扱いです。身近なところでは、"Stay alert.（注意・警戒しましょう）" の stay と同じ用法になります。

語句
□ be advised to 〜するように推奨されている　□ hydrated 水分補給する
□ workout 運動

12. All personnel must sign out ------- leaving the building, even for short periods of time.

職員は全員建物を立ち去るときは短時間であっても署名して退出しなければなりません。

(A) when   (A) ～するときは
(B) during   (B) ～の間に
(C) although   (C) ～だけれども
(D) at   (D) ～に

よりぬき！テスト
解説
概要・攻略法
トレーニング
問題
解説
確認テスト
解説

正解 A

タイプ 文法問題　接続詞 ⏱15 seconds

解説

選択肢には、接続詞、前置詞が並んでいます。空所後を見ると、動詞の ing 形で「建物を立ち去る」とありますので、「建物を立ち去る際には」という、時を表す副詞節の接続表現として (A) when を当てはめると正解となります。SV, when SV という表現は、前者を主節、後者を従属節といいます（＝従属節だけでは文が成り立たないため）。この時、主節と従属節の主語が同じ際は、主語を省略し、ing と分詞の形にすることができますので、今回はそのルールに沿って when 節の主語（all personnel）が省略された形になります。

🔁ワンポイント

一見すると、(B) も入りそうに見えますが、during は動名詞を導くことは原則できません。during を入れると、立ち去ろうとする間の動作すべてを指すことになります。一方で、署名するという行為は立ち去る際の一時的なことなので、イメージとして合わなくなってしまうことがその理由です。

語句
- [ ] personnel 職員（この語で複数を意味します）
- [ ] sign out 退出する際に署名する　 [ ] for short periods of time 短期間

13. Please refrain from using your phone ------- the duration of the play.

演劇が続いている間は電話の使用をご遠慮ください。

(A) for
(B) between
(C) from
(D) towards

(A) 〜の間
(B) 〜の間で
(C) 〜から
(D) 〜に向かって

| 正解 | **A** |

タイプ **語彙問題** (30 seconds)

解説

選択肢には、前置詞が並んでいます。前置詞が並んでいる場合は、文の意味を取っていきましょう。「演劇が続いている（　　　）は電話の使用をご遠慮ください」となっていますので、期間を表す (A) を入れると正解だとわかります。この問題は、名詞 duration（あることが継続していること）の意味を正しく理解していないと、正しい前置詞を入れることができません。前置詞の問題は、文の意味を取りながら前置詞のイメージで正解を導きますので、曖昧なところがあれば復習して克服しておきましょう。

ワンポイント

ここでの for は during と同じ意味となります。

語句
□ refrain from 〜を慎む　□ duration 持続・継続

14. The chemical company, Li Dynamics, is ------- associated with
the local university's science department.

化学薬品会社の Li Dynamics は地元の大学の科学部と密接に関連しています。

(A) freshly
(B) closely
(C) sparsely
(D) averagely

(A) 新鮮に
(B) 密接に
(C) まばらに
(D) 平均的に

正解 **B**

タイプ **語彙問題** (30 seconds)

解説

選択肢には、様々な副詞が並んでいます。意味を取っていくと、「化学薬品会社
の Li Dynamics は地元の大学の科学部と（　　　）に関連している」とありま
すので、「密接に、緊密に」を意味する (B) が正解となります。(A) 新鮮に (C)
まばらに、はいずれも文意が通らず、(D) 平均的に、は平均の対象となる複数
のものが定かではなく不正解となります。

⤵ワンポイント

"closely associated" は「密接に関連して」というコロケーションとして覚えておき
ましょう。また (C) sparsely は少し難しい語ですが、sparsely attended（まばら
にしか出席していない）、sparsely distributed（まばらに分布している）というよう
な表現で使います。

語句
□ be associated with ～と関連がある　□ local 地元の
□ science department 科学部

よりぬき！テスト

解説

概要・攻略法

トレーニング

問題

解説

確認テスト

解説

15. Having produced ten albums by 1980, Arnold Abelman is widely considered as a ------- musician in the industry, and an exceptional artist.

1980 年までに 10 作のアルバムをプロデュースし、Arnold Abelman 氏はこの業界で有能な音楽家として、また類いまれなアーティストとして広く評価されています。

(A) competent
(B) adequate
(C) outright
(D) fixed

(A) 有能な
(B) 十分な、適切な
(C) 完全な
(D) 固定した

正解 A

タイプ 語彙問題 (30 seconds)

解説

選択肢には、意味の異なる形容詞が並んでいます。意味を取っていくと、「Arnold Abelman 氏は業界で（　　　）な音楽家として、また類いまれなアーティストとして広く評価されている」とありますので、「有能な」を意味する (A) が正解となります。(B) 十分な (C) 完全な (D) 固定したは、通常人に用いる形容詞ではないので不正解です。またこの問題は、and an exceptional artist（類いまれなアーティスト）という意味から「有能な」を導くこともできます。

ワンポイント

(C) outright は "an outright victory"（完全勝利）といったような表現で使います。

語句

□ widely 幅広く　□ be considered as ～としてみなされている
□ exceptional 優秀な、類いまれな

16. Tomorrow, Streamline Boats, Inc. ------- to increase their manufacturing output to keep up with the recent increase in demand.

明日、Streamline Boats 社は最近の需要の伸びに応えるため製造業生産高を増大させるつもりです。

(A) intends
(B) have intended
(C) has been intending
(D) intended

(A) 〜するつもりである
(B) 〜するつもりでいた
(C) 〜するつもりでいるところだった
(D) 〜するつもりだった

正解 A

タイプ 文法問題 動詞の形 (15 seconds)

解説

選択肢には、動詞 intend が形を変えて並んでいます。文頭を見ると、tomorrow と未来を表す語が冒頭にあります。また、文の構造を見ると、空所は述語動詞であることがわかりますので、未来を示す動詞として現在形の (A) を選ぶと正解になります。一見未来形がないので迷った方もいたかもしれませんが、現在形も未来の表現として用いることができます。

ワンポイント

動詞問題は、①主語の数、②時制、③態（能動か受動か）でしたよね。今回は②で解けますが、時制のキーワードが冒頭にあると、つい見逃してしまいがちなので気を付けましょう。また、この問題文の構造を切り離すと、S: Streamline Boats, Inc. / V: intends to increase / O: their manufacturing output. と第3文型です。以降の to 不定詞、前置詞＋名詞はカッコでくくると文型の飾りであることがわかります。

語句
□ manufacturing output 製造生産高
□ keep up with 〜についていく、応える □ recent 最近の
□ in demand 需要がある

17. The report ------- a rise in sea level of over 30 centimeters by 2050 was signed by over one thousand scientists.

2050 年までに海水位が 30 センチメートル以上上昇すると予想する報告書が 1000 名を超える科学者たちによって署名されました。

(A) predicting
(B) predicted
(C) predict
(D) prediction

（A）〜を予想する
（B）予想された
（C）〜を予測する
（D）予想

正解 **A**

タイプ **文法問題　動詞の形** 15 seconds

解説

選択肢には、動詞 predict が形を変えて並んでいます。空所を含む文の構造は、主語が文頭の The report, 述語が was signed by...と受動態の形になっています。ここから、空所から述語動詞までは、主語の The report を修飾する表現と考えると、動名詞の predicting を入れて「〜を予想している報告書」とすれば、空所以降を目的語にして主語を修飾する関係が成立します。以上より（A）が正解となります。

ワンポイント

report 自体は能動的に未来を予想するわけではありませんが、書かれた報告書の内容自体が、対象のコト・モノを予想している、と考えると、動名詞を伴い能動の関係で修飾していることが理解できます。

語句
□ a rise in　〜の上昇　□ sea level　海水位　□ centimeter　センチメートル
□ sign　署名する

18. Please submit a written ------- of your intention to start working with us no later than March 25.

当社で仕事を始める意向を示す書面の確認書を 3 月 25 日までに提出してください。

(A) allowance
(B) signature
(C) image
(D) confirmation

(A) 手当
(B) 署名
(C) 画像
(D) 確認書

正解 **D**

タイプ **語彙問題** 30 seconds

解説
選択肢には、意味の異なる名詞が並んでいます。意味を取っていくと「当社で仕事を始める意向を示す書面の（　　　）を 3 月 25 日までに提出してください」とありますので、ここから「意向を示すもの＝本人が確認したもの」という意味になる (D) が正解となります。written confirmation で「署名等をして確認・承認したことを示す書類」という意味になります。(A) 手当 (C) 画像は、意味が通じず、(B) も一見正解に見えますが、これを入れると手書きのサインのみ提出する、ということになるためニュアンスが文意に合わず、いずれも不正解となります。

○ワンポイント
a (one's) written confirmation という表現はコロケーションとしてまるごと押さえておきましょう。

語句
□ intention 意向　□ no later than 〜　遅くとも〜まで

19. In light of recent financial difficulties, the supplementary budget for this year's marketing strategy remains under ------- after the board meeting.

近頃の財政難を考慮して、今年のマーケティング戦略のための追加予算は取締役会の後も審議中です。

(A) agreement   (A) 合意
(B) deliberation   (B) 審議
(C) approval   (C) 承認
(D) view   (D) 見解

正解 **B**

タイプ **語彙問題** 30 seconds

解説

選択肢には、意味の異なる名詞が並んでいますので、意味を取っていきましょう。文意は「財政難を考慮して、今年の追加予算は取締役会の後も（　　　）の下である」という意味になっています。ここから、「まだ検討・審議されている最中である」という意味の (B) を入れると文意が通って正解となります。(A) 合意 (B) 承認、も under と結びつくことはできますが、「合意のもとで」「承認のもとで」は、冒頭の「財政難を考慮して」という意味から考えると、前提が合わないのでここでは不正解となります。(D) は under the (a) view of で「〜の観点で」とすることができますが、ここでは文法的に当てはめられません。

⟳ワンポイント

検討・審議中というのは、他の頻出表現として "under consideration", "under review" という表現があります。今回の deliberation という語は少し難しいですが、時折出現しますのでしっかり押さえておきましょう。

語句
□ In light of ～を考慮して   □ financial difficulty 財政難
□ supplementary 追加の、補足の
□ marketing strategy マーケティング戦略   □ board meeting 取締役会

20. ------- refuses to follow the building rules and regulations may be requested by management to vacate the building.

当建物の規約の遵守を拒否する人は誰でも当建物を退去するよう管理者から要請されることがあります。

(A) Anyone
(B) Those
(C) Whoever
(D) Whichever

(A) 誰か
(B) あれら
(C) 〜するのは誰でも
(D) どちらの〜でも

正解 C

タイプ 文法問題 代名詞 (15 seconds)

解説

選択肢には、様々な代名詞が並んでいます。空所以降を見ると、動詞 refuses to 〜（〜することを拒否する）と may be requested（要請されることがある）があります。空所には人を意味する先行詞と関係詞両方の機能を持つ語を入れると、主節と関係詞節として成り立つと考えられます。よって、選択肢の中で複合関係代名詞である (C) が正解です。(A)、(B) も人を指しますが、関係詞の機能がなく、(D) は複合関係代名詞ですが、モノを先行詞として導きますので、いずれも文法的には入らず、不正解となります。

ワンポイント

このような問題に出会った際に、私は以前よく間違えていましたが、whoever = anyone who と覚えておくと、この正解を導きやすくなります。先行代名詞と関係詞の両方の機能を兼ね備えるので「複合関係代名詞（compound relative noun）」というのも納得です。

語句

□ refuse 〜を断る、拒否する　□ follow 〜に従う　□ regulation 規則
□ vacate （建物）から退去する

No. 1

Questions 1-4 refer to the following policy.

All customers of Tazaki department store are welcome to use our underground parking facilities. However, please be aware that free parking is only ------- to customers whose purchases exceed $25.
1.
-------. In all other cases, fees are charged at the rates displayed at
2.
the parking lot entrance. ------- the size of your purchase, free
3.
parking is limited to 90 minutes. Please note that this policy -------
4.
only to the downtown Salesbury store. Our Heatherstone Mall branch has extensive free parking.

問題 1-4 は次の方針に関するものです。

タザキデパートへお越しのお客様は地下駐車場をご利用いただけます。ただし、無料での駐車は 25 ドル以上ご購入いただいたお客様にのみ認められますのでご注意ください。その条件を有効にするためには商品お支払いの際にチケットをご提示ください。他の場合は全て、駐車場入り口に表示された料金がかかります。購入の額にかかわらず、無料駐車は 90 分に限られます。この方針は中心街のセールスベリー店にのみ適用しますのでご留意ください。ヘザーストーン・モールの支店には大きな無料駐車場がございます。

語句

□ policy 方針 □ be welcome to 自由に〜してよい
□ underground parking facility 地下駐車施設
□ be aware that SV S が V だということに留意する
□ exceed 〜を超える □ in all other cases 他のあらゆる事例で
□ rate 金額、比率 □ be limited to 〜に限定される □ branch 支社、支店
□ extensive 広大な

1. (A) convinced
(B) granted
(C) substituted
(D) financed

(A) 確信した
(B) 認められた
(C) 代用された
(D) 資金提供された

正解 **B**

タイプ 語彙問題（独立型） 10 seconds

解説

空所は、be aware that の that 節内にあり、free parking（無料駐車）を主語にする受動態となっていますので、(B) granted を入れれば、「無料での駐車は25ドル以上購入したお客様のみに認められる」と文意が通ります。以上から(B) が正解です。ここでの grant は give と同義語になります。中級レベルでは押さえておいたほうがよい語彙表現です。(A) 確信した、(C) 代用された、(D) 資金提供された、はいずれも文意に合わないためここでは不正解です。

2. (A) Produce your ticket when paying for goods to get it validated.

(B) This is not the only great offer we have for you this month.

(C) Simply fill out a membership form and post it in the box at the main door.

(D) The store does not accept any liability for traffic accidents.

(A) その条件を有効にするためには商品お支払いの際にチケットをご提示ください。

(B) 今月お客様にご用意した特別提供はこれだけではありません。

(C) 会員用紙に記入してメインの入り口にある箱に投函するだけです。

(D) 交通事故について当店は一切の責任を負いません。

正解 A

タイプ 文選択問題（文脈型）

解説

空所は、文選択問題となっています。空所前後を見ていくと、「無料駐車は 25 ドル以上ご購入のお客様にのみ認められます」「他の場合は全て駐車場入り口に表示された料金がかかります」とありますので、「その条件を有効にするためにはお支払いの際にチケットをご提示ください」という意味となる (A) が、文意に合い、正解となります。(B) 今月の特別提供はこれだけではない (C) 会員用紙に記入し投函を (D) 交通事故について店側は責任を負わない、はいずれも文脈上成立しないため、ここでは不正解となります。

語句

□ produce（チケット等を）提示する　□ goods 商品

□ validate ～を有効にする　□ fill out ～に記入する

□ membership form 会員用紙　□ post A in B A を B に投函する

□ liability 法的責任

3. (A) Depending on
(B) After all
(C) No matter
(D) In case

(A) 〜に応じて
(B) 結局のところ
(C) 〜にかかわらず
(D) 念のため

正解 **C**

タイプ **語彙問題（独立型）** 10 seconds

解説

　選択肢には副詞、接続表現等意味の異なる語が並んでいます。空所を含む文は「購入額に（　　　　）、無料駐車は 90 分に限られます」となっていますので、購入額の大小に関係ない、という意味が入ることがわかります。ここでは（C）を入れると「購入額の大小にかかわらず」という意味となって文意が成立するので、正解となります。No matter the 〇〇（名詞）, で「〜にかかわらず」という意味になります。（A）〜に応じて、は文法的に当てはめることができますが、カンマ以降の「90 分に限られる」という内容に文意が合いません。この表現は、「〜に応じて変化する」等の文脈であれば成立します。（B）結局のところ、では意味が通らず、（D）は In case SV と節を導く選択肢で文法的に当てはまりません。名詞（句）を導くのであれば In case of ＋名詞という形となります。

よりぬき！テスト

解　説

概要・攻略法

トレーニング

問　題

解　説

確認テスト

解　説

4. (A) will have applied
(B) applies
(C) applied
(D) was applying

(A) 適用しているだろう
(B) 適用する
(C) 適用した
(D) 適用していた

| 正解 | **B** |

タイプ 文法問題（文脈型）**25 seconds**

解説

選択肢には動詞 apply が時制を変えて並んでいますので、空所前後の意味を取りながら文脈で考えていきましょう。空所を含む前後は、「購入額にかかわらず無料駐車は 90 分に限られる」、「この方針は中心街のセールスベリー店にのみ（　　　）」「他の店舗には大きな無料駐車場がある」、となっています。ここから方針について述べていることがわかるので、空所に入る動詞は現在形であることがわかります。選択肢の中に現在形は 1 つなので、（B）が正解です。

No. 2

Questions 5-9 refer to the following invitation.

Bunnard Easton is celebrating twenty-five years in the office supply business. Thanks to your support, we ------- from a small
5.
store in Boston. We are now a market leader, with orders -------
6.
from over all the east coast.

As a ------- customer, you are warmly invited to our anniversary
7.
dinner on

March 20

From 7:00 P.M.

At Galaxy Event Room, Brighton Hotel, Oxnard

Enclosed are two tickets, one for a senior manager in your firm, the other for a guest of your choice. -------. Kindly respond by
8.
February 28.

問題 5-9 は次の招待状に関するものです。

バナード・イーストンは事務用品業界における 25 周年を記念いたします。お客様のご愛顧のおかげで、当社はボストンの小規模店舗から成長してきました。今や当社は業界のリーダーであり、東海岸全域からご注文が来ています。

大切なお客様として、お客様を次の記念ディナーに心を込めてご招待いたします。
3 月 20 日
午後 7 時より
オックスナード、ブライトンホテル、ギャラクシー・イベントルームにて
チケットを 2 枚同封いたしました。1 枚は御社のシニアマネージャー様用、もう 1 枚はお客様がお選びになるゲスト用です。御社の従業員である必要はございません。2 月 28 日までにお返事くださいますよう、よろしくお願いいたします。

---

5. (A) are growing
(B) grow
(C) will grow
(D) have grown

(A) 成長している
(B) 成長する
(C) 成長する
(D) 成長してきた

正解 **D**

タイプ **文法問題（文脈型）**

解説

選択肢には動詞 grow が様々な時制で並んでいます。異なる時制が並んでいる場合は、前後の意味を取っていきましょう。空所の前後は「バナード・イーストンは 25 周年」「今や当社は業界のリーダー」という意味ですので、25 年の間に成長を遂げてきたことがわかります。空所は「当社は小規模店舗から成長（　　　）」となっていますので、25 年間で小規模店舗から成長してきた、つまり現在完了形の (D) が正解となります。

6. (A) come
   (B) came
   (C) coming
   (D) comes

   (A) 来る
   (B) 来た
   (C) 来ている
   (D) 来る

正解 **C**

タイプ 文法問題（独立型）

解説

選択肢には動詞 come の様々な形がならんでいます。空所を含む文は with orders ＋（　　）＋ from over the east coast. となっています。ここから空所前の orders を修飾して「東海岸全域から来ている」と分詞の機能を果たすと考えると、文法的に成立することがわかります。以上より正解は（C）となります。

7. (A) potential
  (B) gifted
  (C) valued
  (D) flexible

  (A) 潜在的な
  (B) 優れた才能のある
  (C) 大切な
  (D) 柔軟性のある

正解 **C**

タイプ **語彙問題（文脈型）** (25 seconds)

解説

選択肢には意味の異なる形容詞が並んでおり、空所を含む表現は、"a +（　　　）+ customer" となっており、空所には「お客」を修飾するものを選ぶことがわかります。また、空所前後は「会社の 25 周年を祝う」「お祝いのディナーパーティーの招待」という文脈なので、空所は「（今までご愛顧いただいた）大切な」という意味が入ることがわかりますので、正解は（C）となります。（A）は potential customer で「潜在顧客」という意味ですが、文脈に合いません。その他の選択肢はいずれも customer を修飾することができないので不正解です。

よりぬき！テスト

解　説

概要・攻略法

トレーニング

問　題

解　説

確認テスト

解　説

8. (A) The venue remains under deliberation.
   (B) This need not be one of your employees.
   (C) We have arranged accommodation based on your request.
   (D) The initial seating plan contained an error.

   (A) 会場は審議中のままです。
   (B) 御社の従業員である必要はございません。
   (C) お客様のリクエストに基づいて宿泊場所を手配いたしました。
   (D) 当初の座席プランに誤りがありました。

正解 B

タイプ 文選択問題（文脈型） 60 seconds

解説

空所は文選択問題となっています。空所前後を見ていくと、「同封したチケット2枚のうち、1枚は御社シニアマネージャー用、もう1枚はゲスト用」「2月28日までに返事を」とあります。ここから、空所は、同封したチケットに関する補足情報として（B）「従業員である必要はない」が入ると、空所前の文とつながり文意が成立するため、正解となります。それ以外の選択肢は（A）は招待状に会場が明記されているので矛盾します。（C）（D）は招待状を出した段階なので、宿泊や座席プランはまだ確定しているか定かではなく、いずれも不正解となります。

語句
□ venue 会場 □ deliberation 検討、審議
□ need（助動詞）〜する必要がある □ accommodation 宿泊施設
□ based on 〜に基づいて □ initial 当初の □ contain 〜を含んでいる

No.3

Questions 9-12 refer to the following memo.

To: All store employees

From: Karim Hussein, Manager

Subject: Staff meeting

Date: May 6

-------. **9.** To discuss how we can act on them, there will be a store

meeting on May 9. ------- **10.** this, a copy of the report will be sent to

each employee's e-mail account.

As you know, the questions ------- **11.** so that we could identify any

weaknesses in our customer service or product selection. Last

month's drop in sales highlights the need to improve in order to

stay ahead of the -------. **12.** I look forward to hearing your

suggestions and responses at the meeting.

問題 9-12 は次のメモに関するものです。

宛先：全店舗従業員
送信者：マネージャー　カリム・フセイン
件名：スタッフ会議
日付：5月6日

最近の顧客調査からの返答が分析されました。それらに基づき私たちがどのように行動できるか話し合うため、5月9日に店舗会議を行います。これに先立って、各従業員のEメールアカウントに報告書の写しが送付されます。

ご存知の通り、当店の顧客サービスや商品選定における弱点を明らかにできるよう質問が為されました。競争の中で一歩先を進み続けるために、先月の売り上げの落ち込みで改善の必要性が強調されています。会議でみなさんの提案や返答を聞くのを楽しみにしています。

語句
□ identify　〜を特定する　□ weakness　弱点　□ highlight　〜を強調する
□ ahead of　〜より前に
□ look forward to ...ing　〜するのを楽しみにしている

9. (A) Senior management has decided to rearrange store clerks' duties.

(B) Our summer sales campaign will have differences from last year's.

(C) I have received the staff training materials from the head office.

(D) The answers from our recent customer survey have been analyzed.

(A) 経営陣は店員の業務の再配置を決定しました。

(B) 当店の夏季の販売キャンペーンには去年のものと相違点があります。

(C) 本社からスタッフ教育資料を受け取りました。

(D) 最近の顧客調査からの返答が分析されました。

正解 D

タイプ 文選択問題（文脈型） 60 seconds

解説

空所は、文章冒頭の文選択問題となっています。空所後を見ていくと、「それらに基づきどのように行動できるか話し合うため会議を行う」とあります。また第二段落冒頭では、「当店の顧客サービスや商品選定における弱点を明らかに」ともありますので、ここから、空所には、会議で話し合う、改善をするための情報があることがわかります。よって、(D) が正解となります。(C) も、教育資料に基づき、と考えると文脈上当てはまりそうですが、その後の内容が「顧客サービスや商品選定の問題」だとわかりますので、ここでは不正解となります。

語句
- □ rearrange ～を再調整・再配置する　□ store clerk 店員　□ duty 職務
- □ training material 教育資料　□ head office 本社
- □ customer survey 顧客調査　□ analyze ～を分析する

よりぬき！テスト

解説

概要・攻略法

トレーニング

問題

解説

確認テスト

解説

10. (A) Aside from
   (B) According to
   (C) Out of
   (D) Prior to

   (A)　〜は別として、〜に加えて
   (B)　〜によれば
   (C)　〜から外へ
   (D)　〜に先立って

正解　D

タイプ　文法問題（文脈型） (25 seconds)

解説

文頭に入る接続表現が問われています。接続表現の場合は空所前後を読みましょう。空所前には「5月9日に会議がある」、空所を含む文は「これに（　　　）、報告書の写しが送付される」、とあります。ここから、代名詞 this は5月9日の会議だとわかります。空所は、「会議に先立ち、報告書の写しが送付される」、と時系列的に会議より前のことが起こることがわかりますので、「〜に先立って」、という意味のある (D) が正解となります。(A) は並列として「〜に加えて」という意味もありますが、並列となっている会議が他にも行われるわけではないため、ここでは不正解となります。その他の選択肢 (B) (C) も5月9日の会議はまだ行われていないため、ここからのアウトプットはまだ出ていないので、文意が合わず不正解となります。

11. (A) were asked
　　(B) will be asked
　　(C) asked
　　(D) are asking

　　(A) 尋ねられた
　　(B) 尋ねられるだろう
　　(C) 尋ねた
　　(D) 尋ねている

正解 **A**

タイプ **文法問題（文脈型）** （25 seconds）

解説

選択肢には動詞 ask が様々な時制でならんでいます。異なる時制が並んでいる場合は、前後の意味を取っていきましょう。空所の前、つまり第一段落は「最近の顧客調査に関する返答分析をもとに店舗会議を行う」とあり、空所後には「(空所 12) で先を行くために、先月の売り上げの落ち込みで改善の必要性が強調されている」とあります。つまり、ここから、顧客調査の質問がすでになされ、その返答の分析をもとに会議を行うことがわかりますので、質問は「すでにされた過去のもの」であることがわかります。加えて、質問は「なされる」という受動の関係となりますので、以上から (A) が正解となります。

解説

概要・攻略法

トレーニング

問題

解説

確認テスト

解説

185

12. (A) schedule
(B) competition
(C) customer
(D) satisfaction

(A) スケジュール
(B) 競争
(C) 顧客
(D) 満足

正解 **B**

タイプ **語彙問題（独立型）**

解説

選択肢には意味の異なる名詞が並んでいますので、語彙問題です。空所を含む文は、「（　　　）の一歩先を進み続けるために、売り上げの落ち込みで改善の必要性が強調されている」とあります。ここから、売り上げから改善を図る、つまり、市場競争でライバル社よりも先を行く、という意味が入ることがわかりますので、「競争」を意味する（B）が正解となります。（A）は ahead of schedule なら、「計画前倒しで」と正解になりえるかもしれませんが、空所前に the と定冠詞があるため、どの計画を前倒しするか判然とせず、不正解となります。（C）（D）は ahead of とは結び付けることができず、不正解です。

Chapter

3

確認テスト
問題・解説

1. All new ------- who have undergone the two-week training course will be assigned to night shifts at the Kraków factory.

(A) recruits
(B) recruiters
(C) recruiting
(D) recruited

2. ------- limiting customers' water supply during the drought, the company offered lower rates to customers who voluntarily used less water.

(A) Because of
(B) Depending on
(C) Rather than
(D) As to

3. The relationship between Northwestern Manufacturers Inc. and their supplier, Jarvis Materials, has deteriorated ------- over the past three years.

(A) consider
(B) consideration
(C) considerably
(D) considerable

4. Our regional director, Mr. Atkinson, informed us that he remembers his last post as sales manager very -------.

(A) fondly
(B) fondest
(C) fonder
(D) fond of

5. During the annual banquet, Mr. Hunt was applauded as an ------- part of the project team.

(A) integral
(B) intermediate
(C) representative
(D) announced

6. ------- hard the team tried, the request from the client seemed overly complicated, and proved difficult to complete before the deadline.

(A) Unless
(B) However
(C) Mostly
(D) Although

7. Core-X has been making substantial efforts to ------- their losses after the failure of the "Future Forward" campaign.

(A) reimburse
(B) reassure
(C) reexamine
(D) recover

8. Impressively rapid ------- in demand for digital electric appliances has forced Conners Tech to rethink next year's strategy.

(A) growth
(B) growing
(C) grower
(D) grow

9. Diversity in the team is required if we wish to ------- the wide range of views of our customers.

(A) look
(B) allocate
(C) visit
(D) reflect

10. Although she broke her personal record of two hours and 15 minutes, Ms. Kim had to be carried away ------- a stretcher after completing the race.

(A) on
(B) over
(C) from
(D) at

11. Perkin's Management Systems is seeking a web developer who is ------- at creating interactive and engaging websites.

(A) skilled
(B) seasoned
(C) mastered
(D) managed

12. Hunter car dealership informed the customer that they could purchase the second-hand car ------- is, at a discounted rate.

(A) that
(B) so
(C) such
(D) as

13. Please send your signed references ------- writing to the administration team by August 20 at the latest.

(A) to
(B) at
(C) in
(D) on

14. Because of the opportunity to meet new people, most new employees found the team building component of their training -------.

(A) fascinatingly
(B) fascinating
(C) fascinated
(D) fascination

15. Over the years, Colbert Apparel Inc. has generated a reputation for their garments being simple ------- elegant.

(A) just
(B) nor
(C) yet
(D) despite

16. To avoid long lines at immigration, the authorities ask that passengers move ------- to their gate of disembarkation after the security checkpoint.

(A) promptly
(B) prompt
(C) prompting
(D) prompted

17. Southeast Asia figures ------- in Mayer's and Associates plans for future business expansion.

(A) meticulously
(B) prominently
(C) seasonably
(D) immediately

18. One of the goals at Peterson Inc. is to make sure that all products ------- the best, and highest quality, on the market.

(A) do
(B) is
(C) are
(D) being

19. The number of consumer complaints has become significantly lower since the board members decided that they needed ------- quality control.

(A) server
(B) less substantial
(C) more than
(D) tighter

20. The editor had only two weeks to submit their work ------- the manuscript had been submitted for review.

(A) until
(B) after
(C) which
(D) next

21. Since purchasing the new air conditioning -------, the air quality in the office has improved significantly.

(A) unit
(B) assembly
(C) vendor
(D) distributor

22. Peter Smith has proven himself to be a great ------- to our company, and as such, he should be offered a promotion.

(A) asset
(B) contender
(C) opportunity
(D) application

23. Although often complex in their analysis, Clarkson Inc. is a reliable source of ------- and timely information on the commission's progress.

(A) relevant
(B) lengthy
(C) quite
(D) straightforward

24. Thanks to the attendance of some influential ------- in the world of finance, the trade show in Singapore was a very successful networking event.

(A) numbers
(B) figures
(C) profits
(D) proceeds

25. To design the next generation of vehicles, many automakers must now collaborate ------- with tech companies.

(A) extensively
(B) cooperatively
(C) hardly
(D) friendly

26. The directory for clients should not be ------- accessible to everyone and must be stored securely if we wish to maintain our customers' trust.

(A) readying
(B) readied
(C) readiness
(D) readily

27. The government upheld ------- promise to support the initiative, despite opposition from some members of the public.

(A) it's
(B) itself
(C) its
(D) it

28. Next year the accounting department will introduce a new automated marketing system, which ------- customers based on their shopping history.

(A) identifying
(B) identified
(C) identifies
(D) identify

29. Rather than relying on international supply chains, LTS Inc. decided to promote the ------- utilization of locally sourced materials.

(A) sustainability
(B) sustainable
(C) sustaining
(D) sustain

30. The board of directors has imposed a reporting ------- stating that employees must submit their work for approval before publishing.

(A) require
(B) requires
(C) required
(D) requirement

No.1

Questions 1-4 refer to the following letter.

Ms. S. Calpine

Apartment 5A, Renwick Bldg.

90 Garland Drive

Orlando, FL 49510

Dear Ms. Calpine,

We are writing concerning the monthly rental of a parking space in our lot on West Nile Street. The contract will begin on April 1 on the condition that we have received the enclosed ------- **1.** document, signed by you. Please ensure you post it no later than March 20. If it ------- **2.** to arrive by then, the space may be offered to the next person on our waiting list.

Please make your first month's payment ------- **3.** to a member of staff at the parking lot on April 1. They will advise you on setting up a recurring bank transfer. -------. **4.**

Thank you for your patronage. We look forward to serving you.

Sincerely,

Frederick Morely

Customer Services Manager, OK23 Parking, Inc.

---

1. (A) confirmation
   (B) photographic
   (C) technical
   (D) marketing

2. (A) is failing
   (B) can fail
   (C) fails
   (D) will fail

3. (A) smoothly
   (B) closely
   (C) quickly
   (D) directly

4. (A) Unfortunately, there is currently some construction work at the lot.
   (B) This should take effect starting from May.
   (C) Other cars may be allowed to use your space at that time.
   (D) Information on promotional discounts will be sent via e-mail.

No.2

Questions 5-8 refer to the following announcement.

Martyn Willis, CEO of Katzen Pet Retail, will leave the company in April. As the head of Ireland's largest pet store chain, he ------- a

5.

successful rebranding and strong growth. The board and employees are extremely grateful for his hard work. We all wish him an enjoyable retirement.

Mr. Willis' ------- will be Karen Sonders. -------. Ms. Sonders has

6. **7.**

worked in upper management of Katzen for over seven years and has ------- excellent business skills and judgment in that time. The

8.

company looks forward to her leading it to further success.

5. (A) is overseeing
(B) oversees
(C) has overseen
(D) was overseen

6. (A) assistant
(B) concierge
(C) mentor
(D) replacement

7. (A) We believe the both of them together will make an excellent team.
(B) This decision was made after considering a range of candidates.
(C) She will join the company at the end of March after initial training.
(D) Employees will have a chance to say goodbye at next week's meeting.

8. (A) demonstrated
(B) examined
(C) allocated
(D) renovated

No.3
Questions 9-12 refer to the following notice.

This meeting room (Meeting Room C2) cannot be used without a reservation. One can be made by any employee by calling or visiting the ------- office. It is located on the third floor, and the
9.
contact number is Ext. 890. As Room C2 is equipped with a projector and screen, it ------- to be the most popular meeting
10.
room. -------, making a booking three days in advance is
11.
necessary. Please do not attempt to hold a meeting in here without permission even if the room is empty. ------- .
12.

9. (A) employment
(B) publicity
(C) administration
(D) medical

10. (A) tends
(B) tended
(C) is tending
(D) is tended

11. (A) Namely
(B) Typically
(C) Conversely
(D) Similarly

12. (A) The correct safety clothing must be worn at all times.
(B) This may cause inconvenience for others who plan to use it.
(C) The items were recovered and returned to the owner.
(D) Clients who wish to do so can use the equipment on this floor.

Chapter 3 解答一覧

Part 5	正答	解答時間
1	A	③
2	C	③
3	C	①
4	A	①
5	A	③
6	B	③
7	D	③
8	A	①
9	D	③
10	A	③
11	A	③
12	D	②
13	C	③
14	B	①
15	C	②
16	A	①
17	B	③
18	C	②
19	D	③
20	B	③
21	A	③
22	A	③
23	A	③
24	B	③
25	A	③
26	D	①
27	C	②
28	C	②
29	B	③
30	D	①

Part 6	正答	解答時間
1	A	①
2	C	①
3	D	②
4	B	③
5	C	②
6	D	②
7	B	③
8	A	①
9	C	②
10	A	①
11	B	②
12	B	③

解答時間一覧

Part 5	Part 6
① 5-10 seconds	① 10 seconds
② 15 seconds	② 25 seconds
③ 30 seconds	③ 60 seconds

1. All new ------- who have undergone the two-week training course will be assigned to night shifts at the Kraków factory.

2週間の研修コースを受けた新入社員はみな、Kraków 工場での夜勤に割り当てられます。

(A) recruits
(B) recruiters
(C) recruiting
(D) recruited

(A) 新入社員
(B) 人材採用担当者
(C) 採用活動
(D) 採用された

正解 **A**

タイプ **文法＋語彙問題　品詞** (30 seconds)

解説

選択肢には、recruit が形を変えて並んでいます。空所後を見ると、関係代名詞 who があり、「2週間の研修コースを受けた（　　　）が工場での夜勤に割り当てられる」とありますので、空所は配属前の研修を受けた人が入ることがわかります。ここから、「新入社員」を意味する (A) が正解だとわかります。(B) も人を示す語ですが、「採用担当」という意味なので、ここでは文意に合いません。

ワンポイント

recruit は動詞で「採用する」という意味のほかに、名詞で「新入社員」という意味もあります。どちらの用法も狙われますので、2つとも押さえておきましょう。

語句

□ undergo ～を経験する　□ assign ～を割り当てる　□ night shift 夜勤

2. ------- limiting customers' water supply during the drought, the company offered lower rates to customers who voluntarily used less water.

日照りの間、顧客の水供給を制限するよりもむしろ、会社は水の利用を自発的に抑えた顧客に料金の値下げを提供しました。

(A) Because of	（A）〜のために
(B) Depending on	（B）〜次第で
(C) Rather than	（C）〜よりはむしろ
(D) As to	（D）〜に関して

正解 C

タイプ 文法問題 接続詞 (30 seconds)

解説

選択肢には、様々な接続表現が並んでいます。接続表現は文全体の意味からつながりを考えましょう。意味を取っていくと、「その会社は、日照りの間、顧客の水供給を制限する（　　　）、会社は水の利用を自発的に抑えた顧客に料金値下げを提供した」とありますので、「供給制限するよりも自発的利用を抑えた顧客に」と、2つの比較をしている表現が入ると文意が成立します。以上からその意味となる（C）が正解となります。他の選択肢は文意が合わずいずれも不正解となります。

ワンポイント

今回は、会社が、「顧客の水供給制限」ではなく、「自発的に抑えた顧客への料金値下げの提供」を取った、ということを読み取れるかどうかが正解の決め手になります。このように、接続表現は文全体の意味を取っていきましょう。ちなみに（D）はabout と置き換えて覚えるといいでしょう。

語句
☐ water supply 給水　☐ drought 日照り　☐ lower rates より安い価格
☐ voluntarily 自発的に

3. The relationship between Northwestern Manufacturers Inc. and their supplier, Jarvis Materials, has deteriorated ------- over the past three years.

Northwestern Manufacturers 社とその供給業者である Jarvis Materials との間の関係はこの３年間でかなり悪化しています。

(A) consider	(A) 〜を熟考する
(B) consideration	(B) 考慮
(C) considerably	(C) かなり
(D) considerable	(D) かなりの

正解 C

タイプ 文法問題 品詞 (5-10 seconds)

解説

選択肢には、動詞 consider が形を変えて並んでいます。文の構造を見ると、文頭で The relationship between A and B「AとBの関係」が主語となり、述語動詞は自動詞 deteriorate「悪化する」の現在完了形となっていますので、文自体はすでに空所がなくても完結していることがわかります。以上から、空所には自動詞 deteriorate を修飾する副詞の (C) が入ると文法的に成立しますので、これが正解となります。

⊙ワンポイント

この問題は、文の構造を素早く見抜き、かつ、述語動詞 deteriorate が自動詞であるという、副詞を入れる理由をしっかり導かないと正解しづらい問題でした。

語句
☐ relationship between A and B　AとBの関係　☐ deteriorate　悪化する
☐ over the past ... years　…年間にわたり
---

4. Our regional director, Mr. Atkinson, informed us that he
remembers his last post as sales manager very -------.

地域担当責任者の Atkinson 氏は、営業部長としての前役職についてとても好
意的に覚えていると私たちに知らせてくれました。

(A) fondly　　　　　　　　　　　（A）好意的に
(B) fondest　　　　　　　　　　（B）もっとも好きな
(C) fonder　　　　　　　　　　（C）より好きな
(D) fond of　　　　　　　　　　（D）好んで

正解　A

タイプ　文法問題　品詞 (5-10 seconds)

解説

選択肢には、fond が形を変えて並んでいます。空所は文末にあり、空所を含む
that 節を見ると、he remembers ＋ O（前職）＋ as 営業部長、つまり彼が営業
部長として覚えている、と節の中の文の構造が完成していることがわかります。
ここから、この節内全体を修飾する、つまり副詞の（A）「好意的に」を入れる
と文意が通り正解となります。他の選択肢は文法的に当てはめることができず、
不正解です。

➡ワンポイント

副詞は、動詞、形容詞、副詞、文全体を修飾します。今回登場している very は
fondly を修飾している副詞です。

┌─**語句**─────────────────────────────────
│ □ regional 地域の　□ inform 人 that 人に〜を知らせる　□ last post 前役職
└──────────────────────────────────────

204

5. During the annual banquet, Mr. Hunt was applauded as an ------- part of the project team.

年次晩餐会の間、Hunt 氏はプロジェクトチームの不可欠な一員として称賛されました。

(A) integral
(B) intermediate
(C) representative
(D) announced

（A）不可欠の
（B）中級の
（C）代表者
（D）公表された

正解 A

タイプ 語彙問題 （30 seconds）

解説

選択肢には、様々な形容詞や分詞等、修飾表現が並んでいます。文意を見ると、「Hunt 氏はプロジェクトチームの（　　　）な一員として称賛された」とあり、称賛される一員＝不可欠なくらい称賛されるべき人という関係が成り立つことがわかりますので、この意味に相当する（A）が正解です。ここでは was applauded「称賛された」が根拠となっており、文脈を意識した導き方が必要です。

⊙ワンポイント

integral は、be integral to do で「〜するのに不可欠だ」、といったような表現で時折 TOEIC に登場しますので押さえておきましょう。インテグラル、というと数学の「積分」を思い出した方もいらっしゃるかと思いますが、数学用語としての意味もあります。

語句
□ annual 毎年の　□ banquet 晩餐会、夕食会　□ applaud 〜を称賛する
□ part （人が果たすべき）役割

よりぬき！テスト 解説 概要・攻略法 トレーニング 問題 解説 確認テスト 解説

6. ------- hard the team tried, the request from the client seemed overly complicated, and proved difficult to complete before the deadline.

どんなに懸命にチームが試みても、クライアントからの要求はあまりにも複雑すぎるようで、締め切り前に完了するのは困難であるとわかりました。

(A) Unless	(A) 〜でない限り
(B) However	(B) どんなに〜でも
(C) Mostly	(C) 主に
(D) Although	(D) 〜だけれども

正解 B

タイプ 文法問題　接続詞

解説

選択肢には、様々な接続詞、(接続) 副詞等が並んでいます。空所は文頭にありますので、それぞれ意味を取っていくと、空所直後の構造が、hard the team tried = 副詞＋ SV と、倒置の関係になっています。ここをヒントにすると、「どんなに懸命にチームが試みても、その要求完了は難しい」という関係が成り立つのがわかりますので、その用法を取る (B) が正解となります。

⊖ワンポイント

However は接続副詞 (しかしながら) の他に、後ろに形容詞や副詞を導いて倒置の文の形 (従属節) をとり、「どんなに〜でも」という意味になります。この場合は no matter how と同じ意味になります。

語句

□ overly 過度に、あまりにも　□ complicated 複雑な、難解な
□ prove 〜だとわかる　□ deadline 締切、期限

7. Core-X has been making substantial efforts to ------- their losses after the failure of the "Future Forward" campaign.

Core-X 社は「Future Forward」キャンペーンの失敗による損失を取り戻そうと大変な努力をしてきました。

(A) reimburse
(B) reassure
(C) reexamine
(D) recover

(A) ～を払い戻す
(B) ～を安心させる
(C) ～を再検査する
(D) ～を取り戻す

正解 **D**

タイプ **語彙問題** 30 seconds

解説

選択肢には、様々な意味の動詞が並んでいます。文意は「Core-X 社はキャンペーンの失敗による損失を（　　　）しようと努力をした」とありますので、損失を取り戻そうと努力した、という意味になれば成立します。以上より「～を取り戻す」という意味の (D) が正解となります。(A) ～を払い戻す (B) ～を安心させる (C) ～を再検査する、は目的語を考えて当てはめると意味が通じなくなってしまいますので、いずれも不正解です。

○ワンポイント

reassure, reexamine という語をあまり見慣れない方がいたかもしれません。こういった文頭に re- で始まる語は、何かが繰り返す、と考えて推測するといいでしょう。すなわち、こんなイメージです。

reassure：re + assure 再び保証する　➡　安心させる
reexamine：re + examine 再び検査する　➡　再検査する

語句
□ substantial かなりの　□ effort 努力　□ loss 損失　□ failure 失敗

8. Impressively rapid ------- in demand for digital electric appliances has forced Conners Tech to rethink next year's strategy.

デジタル家電の需要における驚くほどの急成長により、Conners Tech は来年の戦略を再検討せざるをえませんでした。

(A) growth	（A）成長
(B) growing	（B）増えている
(C) grower	（C）栽培者
(D) grow	（D）成長する

正解 A

タイプ 文法問題 品詞 5-10 seconds

解説

選択肢には、動詞 grow が様々な形を変えて並んでいます。空所前は形容詞、空所後は前置詞となっており、空所には名詞が入るパターンとわかります。選択肢中には名詞は2つ候補がありますが、空所前後の意味が「デジタル家電の需要における驚くほど急激な（　　　）」となっていますので、「成長」を意味する（A）が正解です。（C）栽培者、生産者を入れると文意が通らず、不正解となります。

ワンポイント

今回の文の骨格は A forced B to do.（A が B に対して強制的に〜させた）という意味ですが、この主語が「急激な成長」となっています。つまり、急激な成長がきたからこそ会社が対応しなくてはいけない、という関係になった場合、作用する側がモノや状況でも主語になってしまうのが英語らしい表現です。

語句
□ impressively 驚くほど　□ in demand for 〜に対する需要において
□ digital electric appliance デジタル家電　□ rethink 再考する、再検討する

9. Diversity in the team is required if we wish to ------- the wide range of views of our customers.

顧客の様々な意見を反映しようと望むなら、チーム内に多様性が必要です。

(A) look
(B) allocate
(C) visit
(D) reflect

(A) ～を見る
(B) ～を割り当てる
(C) ～を訪れる
(D) ～を反映する

正解 **D**

タイプ **語彙問題** (30 seconds)

解説

選択肢には、意味の異なる動詞が並んでいます。文意を見ていくと、「顧客の様々な意見を（　　　）しようと望むなら、チーム内に多様性が必要だ」とあります。ここから「～を反映する」という意味になる (D) を入れると、様々な意見を反映する場合、多様性が必要、と文意が成立し、正解となります。他の選択肢は、目的語の「様々な意見を」(A) 見る (B) 割り当てる (C) 訪れる、という意味になり、文意が通りませんのでいずれも不正解となります。

ワンポイント

ちなみに、reflect という語は他動詞の「～を反映する」の他に自動詞として「よく考える（＝ think)」という意味があります。

語句
□ diversity 多様性　□ the wide range of 様々な～　□ view 意見、考え

10. Although she broke her personal record of two hours and 15 minutes, Ms. Kim had to be carried away ------- a stretcher after completing the race.

2 時間 15 分の自己最高記録を破ったにもかかわらず、Kim さんはレースを完走した後にストレッチャーの上に乗せられ搬送されなければなりませんでした。

(A) on	(A) ～の上に
(B) over	(B) ～を越えて
(C) from	(C) ～から
(D) at	(D) ～に

正解 A

タイプ 語彙問題 (30 seconds)

解説

選択肢には、様々な前置詞が並んでいますので意味を取っていきましょう。文意は「Kim さんはレース完走後にストレッチャー（　　）乗せられ搬送されなければならなかった」とあります。ここからストレッチャーの上に乗せられて、というニュアンスを持つ (A) が正解となります。他の選択肢は (B) ストレッチャーを越えているイメージ (C) ストレッチャーから逃げるように搬送しているイメージ (D) ストレッチャーが目の前にある状態で搬送している（接触はせずに）イメージがそれぞれあり、いずれも文意に合わず不正解となります。

◆ ワンポイント

前置詞 on は何かにくっついているイメージです。そのため、ある特定のトピック等を導き、「～に関して」という意味も持ちます。

┌─ **語句** ─────────────────────────
│ □ break（記録）を破る　□ personal record 自己最高記録
│ □ carry away ～を搬送する　□ stretcher ストレッチャー
└──────────────────────────────

11. Perkin's Management Systems is seeking a web developer who is ------- at creating interactive and engaging websites.

Perkin's Management Systems は、双方向で人を惹きつけるウェブサイトの作成が得意なウェブ開発者を探しています。

(A) skilled
(B) seasoned
(C) mastered
(D) managed

(A) 得意な
(B) ベテランの、味付けされた
(C) 習得した
(D) 管理された

正解 **A**

タイプ **語彙問題** (30 seconds)

解説

選択肢には、様々な形容詞もしくは動詞の受動態が並んでいます。文意を取っていくと、「Perkin's Management Systems は双方向で人を惹きつけるウェブサイトの作成が（　　）なウェブ開発者を探している」とありますので、作成が得意な人を探していることがわかります。ここからその意味となる (A) が正解となります。(B) ベテランの、は be seasoned at という用法がないためここでは不正解です。また、(C) 習得した　(D) 管理された、はいずれも文意が通らず不正解となります。

●ワンポイント

be skilled at は be good at と同意語だと覚えておくといいでしょう。

語句
□ seek 〜を探している　□ developer 開発者
□ interactive 双方向の、相互作用する　□ engaging 人を惹きつける

12. Hunter car dealership informed the customer that they could purchase the second-hand car ------- is, at a discounted rate.

Hunter 車両販売代理店は中古車をその状態のまま割引料金で購入可能だと顧客に伝えました。

(A) that
(B) so
(C) such
(D) as

(A) 〜ということ
(B) そのように
(C) そのような
(D) 〜のままで

正解 **D**

タイプ 文法問題　関係詞 (15 seconds)

解説

選択肢には、様々な代名詞、副詞等が並んでいます。空所前後は、中古車を意味する語 "the second-hand car" と is があり、その直後にカンマがあります。ここから car を先行詞とし、主格の関係代名詞となる as を入れて「そのままで」とすると文意が成立するため、以上から (D) が正解となります。(A) that を関係詞とした場合、that 以下は car について説明が必要となりますが、is の直後にカンマがあるため関係詞の意味することが不明確になります。(B)、(C) も文法的に成立しないため、いずれも不正解です。

○ワンポイント

この as is の用法は as が関係代名詞、is が be 動詞ではなく自動詞として「存在する（= exist）」の意味となり、「○○ as is= 存在するままの○○、つまり、そのままの○○」となります。この as is に関しては、as is（現状）と to be（あるべき姿）といったビジネス用語にもなっています。

語句
- □ dealership 販売代理店　□ second-hand 中古の
- □ at a discounted rate 割引価格で

13. Please send your signed references ------- writing to the administration team by August 20 at the latest.

署名済みの身元保証書を書面で遅くとも 8 月 20 日までに運営チームまでお送りください。

(A) to   (A) 〜へ
(B) at   (B) 〜に
(C) in   (C) 〜で
(D) on   (D) 〜の上に

正解 C

タイプ 語彙問題 (30 seconds)

解説

選択肢には、様々な前置詞が並んでいます。空所前後の意味は、「署名済みの身元保証書を書面（　　　）送付しなさい」とありますので、ここから、in writing で「書面で」という意味になる（C）が正解です。

⭕ワンポイント

この in writing（書面で）は、Chapter 2 にも登場しましたが（p.159）、正解を選べましたか？間違えてしまった方は、決まり文句のように覚えておきましょう。writing 自体「書かれたもの」という意味になりますので、in writing = in the form of a document と考えると、「ある定まった書式の中に」というニュアンスの in というイメージです。

語句
□ administration team 運営チーム　□ at the latest 遅くとも

14. Because of the opportunity to meet new people, most new employees found the team building component of their training -------.

新しい人々と出会う機会があるため、新規雇用者の多くは訓練のチーム育成の部分が魅力的だと感じました。

(A) fascinatingly
(B) fascinating
(C) fascinated
(D) fascination

(A) 魅力的に
(B) 魅力的な
(C) 魅了された
(D) 魅了

正解 **B**

タイプ **文法問題　品詞** (5-10 seconds)

解説

選択肢には、動詞 fascinate が形を変えて並んでいます。空所を含む、カンマ以降の主節部分の構造を見ると、主語：employees（従業員）、述語動詞：found（〜を見つけた、わかった）、目的語：the team building component（チーム育成要素）となっています。述語動詞 found（find の過去形）は第 3 文型として目的語を単独で取るケース（SVO）と第 5 文型として目的語と補語を取るケース（SVOC）の 2 つがあり、後者とすると、目的語の the team building component は、人を「魅了する」関係にありますので、現在分詞で形容詞用法となっている（B）が正解となります。

ワンポイント

今回は第 5 文型を見抜けるか、というのがポイントでした。ちなみに（C）は、目的語に人が来た場合に、人が魅了された関係にあると入れることができます。また（A）も正解の候補と思った方もいるかもしれませんが、この場合は、「魅力的にチーム育成要素を見つけた」と従業員がウットリして何かを見つけるイメージとなり、文意としては成立せず不正解となります。

語句
□ opportunity 機会　□ building component（人材）育成の要素、部分
-----

15. Over the years, Colbert Apparel Inc. has generated a reputation for their garments being simple ------- elegant.

長年にわたり、Colbert Apparel 社の衣服は質素でありながらも優雅であるとの評判を生んできました。

(A) just
(B) nor
(C) yet
(D) despite

(A) ちょうど
(B) A も B も〜でない
(C) 〜でありながらも
(D) にもかかわらず

正解 C

タイプ 文法問題　接続詞 (15 seconds)

解説

選択肢には、副詞、接続詞、前置詞等が並んでいますので、意味を取っていきましょう。空所を含む箇所は、前置詞句で for their garments being simple ----- elegant という構造を取っており、being 以降は garments（衣服）を修飾しています。その修飾が simple（単純な）と elegant（優雅な）と一見相反しそうな2つの形容詞が並んでいます。ここから、2つの相反しそうな語を並べて、「〜でありながらも…だ」という意味になる接続詞の機能を持つ（C）が正解となります。

ワンポイント

yet はいろいろな意味があり、通常は完了形で not yet「まだ〜でない」という表現で覚えている方もいるかもしれませんが、今回の用法も時折問われますので押さえておきましょう。

語句
□ over the years 何年にもわたり　□ generate a reputation 評判を生み出す
□ garment 衣服　□ elegant 優雅な

16. To avoid long lines at immigration, the authorities ask that passengers move ------- to their gate of disembarkation after the security checkpoint.

入国管理での長い列を避けるため、搭乗客は保安検査場の後に入国ゲートへ速やかに移動するようにと当局は求めています。

(A) promptly   （A）速やかに
(B) prompt   （B）即座の
(C) prompting   （C）促すこと
(D) prompted   （D）促された

正解 **A**

タイプ 文法問題　品詞 (5-10 seconds)

解説

選択肢には、prompt が様々な形で並んでいます。空所の前が自動詞の move, 空所後が前置詞句で to their gate となっており、空所がなくても「ゲートへ移動する」、と文意が成立していることがわかります。ここから、空所は述語動詞 move を修飾する副詞だと判断できますので、（A）が正解となります。

⊙ワンポイント

動詞の前後に空所があり、かつ空所がなくても文が完成している場合は、迷わず副詞を選んでください。なお、promptly は、「速やかに」の他に「時刻ちょうど、きっかり」という意味もあります。

語句
□ avoid ～を避ける　□ immigration 入国管理　□ authorities（管理）当局
□ gate of disembarkation 入国ゲート　□ security checkpoint 保安検査場

17. Southeast Asia figures ------- in Mayer's and Associates plans for future business expansion.

Mayer's and Associates の将来のビジネス拡大のための計画において、東南アジアは著しく大きな存在感を誇っています。

(A) meticulously
(B) prominently
(C) seasonably
(D) immediately

(A) 慎重に
(B) 著しく
(C) 季節的に
(D) 速やかに

正解 **B**

タイプ **語彙問題** (30 seconds)

解説

選択肢には、意味の異なる副詞がならんでいますので、文意を取っていきましょう。「Mayer's and Associates の将来のビジネス拡大のための計画において、東南アジアは（　　　）目立った存在である」とあります。この動詞 figure「目立った存在である」を強調して「著しく」と修飾すれば、文意を成立させることができますので、正解は (B) となります。他の選択肢 (A) 慎重に (C) 季節的に (D) 速やかに、はいずれも動詞 figure との意味が結びつかず不正解となります。

◯ワンポイント

今回の語彙問題は少し難しめです。この問題のように figure を自動詞で使うケースは少ないので、figure in という形で押さえて、その間に副詞が入る場合は、prominently のように、「目立つ」という意味をうまく修飾する語が入る、と押さえておきましょう。

語句
□ figure 目立つ、際立っている　　□ expansion 拡張、拡大

よりぬき！テスト
解説
概要・攻略法
トレーニング
問題
解説
確認テスト
解説

18. One of the goals at Peterson Inc. is to make sure that all products ------- the best, and highest quality, on the market.

Peterson 社の目標の一つは、すべての製品が市場において最良で最高品質であることを確実にすることです。

(A) do	(A) 〜をする
(B) is	(B) 〜である
(C) are	(C) 〜である
(D) being	(D) 存在

正解 C

タイプ 文法問題　動詞の形 (15 seconds)

解説

選択肢には、be 動詞、助動詞等が並んでいます。空所は that 以下の節の表現であり、that 節内の主語を見ると、products と可算名詞であることがわかります。またモノが主語であり、空所後も「市場で最良かつ最高品質」とありますので、主語＝空所後の形容詞という関係が成り立ち、複数の be 動詞である（C）が正解だとわかります。

→ ワンポイント

do the best はベストを尽くす人等について用いるのでここでは当てはめられませんが、英会話ではよく使う表現です。

語句
□ on the market　市場で

19. The number of consumer complaints has become significantly lower since the board members decided that they needed ------- quality control.

顧客からの苦情の数は、経営陣がより厳しい品質管理が必要だと決定して以降著しく減少しています。

(A) server
(B) less substantial
(C) more than
(D) tighter

(A) 接客係
(B) それほど十分でない
(C) ～より多い
(D) より厳しい

正解 D

タイプ 語彙問題 (30 seconds)

解説

選択肢には、名詞、形容詞の比較級等が並んでおりますので、意味を取っていきましょう。「顧客からの苦情数は、経営陣が（　　）品質管理が必要だと決定してから著しく減っている」という意味になっており、ここから「より厳しい」という意味になる (D) を入れると文意が通り正解となります。(A) は名詞で、文に当てはめられず、(B) は文意と真逆、(C) は「品質管理以上のもの」が何か具体的にわからず、いずれも不正解となります。

⊙ワンポイント

tight は、通常、「きつい、余裕がない」という意味ですが、今回のように「厳しい」という意味もあります。

語句
□ consumer complaint 顧客からの苦情　□ significantly かなり、相当

よりぬき！テスト

解説

概要・攻略法

トレーニング

問題

解説

確認テスト

解説

20. The editor had only two weeks to submit their work ------- the manuscript had been submitted for review.

原稿が評価用に提出されてからその作業結果を提出するのに、編集者には２週間しかありませんでした。

(A) until   （A）〜まで
(B) after   （B）〜してから
(C) which   （C）〜するところの
(D) next   （D）次に

正解　B

タイプ　文法問題　接続詞

解説

選択肢には、接続詞、疑問詞、副詞等が並んでいますので、意味を取っていきましょう。「原稿が評価用に提出され（　　　）その作業結果を提出するのに、編集者には２週間しかなかった」とありますので、「提出されてから、提出されて以降」という表現が入ると文意が通ります。以上から「〜して以降、〜の後で」を意味する（B）が正解となります。（A）は、「〜までずっと」という継続を表す接続詞でここには文意として合わず、（C）、（D）は文法的に当てはめることができず、いずれも不正解となります。

ワンポイント

今回は、空所前が過去形、空所後が過去完了形、というのがわかるので、時制から考えたら空所後の方が先に発生したことだと察しがつくと思います。そうすると、前後の順番や時系列を考えれば、after を自然に選ぶことができると思います。いかがでしたでしょうか？

語句
□ editor 編集者　□ manuscript 原稿　□ for review 評価のために

21. Since purchasing the new air conditioning -------, the air quality in the office has improved significantly.

新しいエアコン一式を購入したので、事務所の空気の質はかなり改善しています。

(A) unit
(B) assembly
(C) vendor
(D) distributor

(A) 一式
(B) 組み立て
(C) 供給業者
(D) 配給業者

正解 **A**

タイプ **語彙問題** 30 seconds

解説

選択肢には、意味の異なる名詞が並んでいます。文意は「新しいエアコン（　　　）を購入したので、事務所の空気の質はかなり改善した」となっていますので、空気の質がよくなるために購入したもの＝エアコン一式と考えると、(A) が正解となります。unit 自体は広義で、ここでは「1 個のもの、設備一式」という意味で使われています。(B) は「部品」という意味にもなりますが、組み立て前の部品となりますので、購入しただけでは改善したかどうか不明確になります。(C)、(D) は「業者」を意味しますが、ここで当てはめると、「会社の買収」を意味し、空気の改善と意味がかけ離れてしまうため、いずれも不正解となります。

ワンポイント

問題文の後半の "○○ has improved significantly.（○○が大幅に改善した）" はコロケーションとしてよく用いられますのでチェックしておきましょう。

語句
□ air conditioning 空調設備

よりぬき！テスト

解説

概要・攻略法

トレーニング

問題

解説

確認テスト

解説

22. Peter Smith has proven himself to be a great ------- to our company, and as such, he should be offered a promotion.

Peter Smith は自身が会社にとって非常に有用な人材であることを実証してきたので、それゆえ昇進を打診されるべきです。

(A) asset　　　　　　　　　　　　(A) 有用な人材
(B) contender　　　　　　　　　　(B) 競争相手
(C) opportunity　　　　　　　　　(C) 機会
(D) application　　　　　　　　　(D) 応募、適用

正解 A

タイプ 語彙問題 (30 seconds)

解説

選択肢には、異なる意味の名詞が並んでいます。文意は「Peter Smith は自身が会社にとって非常に（　　　）であることを実証したので、昇進を打診されるべきだ」とあります。ここから昇進を打診されるくらい素晴らしい人材だとわかりますので、「有用な人材」を意味する (A) が正解となります。文脈から (B) は「昇進を打診される」という文脈に合わず、(C)、(D) は人物を示す名詞ではないため不正解となります。

➡ワンポイント

asset は財産、資産という意味なら検討がついた方も多いと思いますが、このように「優れた人材」という意味でも用いることができます。特に人をほめるようなスピーチやメール文書で登場することがありますので、その点をしっかり押さえておきましょう。

語句
□ prove oneself to　自分自身が〜であると証明する　□ as such　したがって

23. Although often complex in their analysis, Clarkson Inc. is a reliable source of ------- and timely information on the commission's progress.

分析が複雑なことは多いけれども、Clarkson 社は委員会の進捗に関連性があり、かつタイムリーな情報を供給する信頼できる情報源です。

(A) relevant
(B) lengthy
(C) quite
(D) straightforward

(A) 関連性のある
(B) 非常に長い
(C) かなり
(D) 単刀直入な

正解 **A**

タイプ **語彙問題** 30 seconds

解説

選択肢には、意味の異なる形容詞、副詞が並んでいます。文意は、「Clarkson 社は委員会の進捗に（　　　）で、かつタイムリーな情報を供給する信頼できる情報源だ」とあります。ここから信頼できる情報源＝委員会の進捗と密接な関係がある、とわかりますので、「関連のある」を意味する (A) が正解となります。(B) はタイムリーと矛盾し、(C) は副詞のため、不正解です。(D) は説明方法や人に対して用いる形容詞で、委員会の進捗自体を形容できませんので、これも不正解となります。

ワンポイント

間違いの選択肢 (D) は、simple、easy to use の同意語で、Part 7 の同義語問題に登場することもある語ですので、もし初めて見るようであればチェックしておきましょう。

語句
□ complex 複雑である　□ analysis 分析
□ reliable source 信頼できる情報筋　□ commission 委員会
□ progress 進捗

よりぬき！テスト

解説

概要・攻略法

トレーニング

問題

解説

確認テスト

解説

24. Thanks to the attendance of some influential ------- in the world of finance, the trade show in Singapore was a very successful networking event.

金融の世界において大きな影響力のある人物が複数出席してくれたおかげで、シンガポールでの見本市は交流会として大成功でした。

(A) numbers	(A)	数
(B) figures	(B)	人物
(C) profits	(C)	利益
(D) proceeds	(D)	収益

正解 **B**

タイプ **語彙問題** (30 seconds)

解説

選択肢には、意味の異なる名詞が並んでいます。文意は、「大きな影響力のある（　　　）が複数出席してくれたので、見本市は大成功だった」とあります。ここから、出席した対象＝人物だとわかりますので、選択肢の中で唯一人物を示す選択肢（B）が正解となります。

→ワンポイント

figure は動詞もそうですが、名詞もいろいろな意味を持ちます。「人物」の他に、「図、形、数量」という意味があります。TOEIC では sales figure（売上数量）という表現がよく登場します。今回出てきた「人物」という意味ではリスニング、リーディングともに正解のキーワードとして登場する場合もあるので、しっかり押さえておきましょう。

語句

□ attendance 出席　□ influential 影響力のある
□ trade show 見本市、展示会　□ networking event 交流を持つような催し

25. To design the next generation of vehicles, many automakers must now collaborate ------- with tech companies.

次世代の車を設計するためには、今や多くの自動車メーカーはテクノロジー企業と幅広く連携しなければなりません。

(A) extensively　　　　　　(A) 幅広く

(B) cooperatively　　　　　(B) 協力して

(C) hardly　　　　　　　　(C) 苦労して、ほとんど～ない

(D) friendly　　　　　　　(D) 友好的に

正解 **A**

タイプ **語彙問題** (30 seconds)

解説

選択肢には、意味の異なる副詞が並んでいます。文意は、「今や多くの自動車メーカーはテクノロジー企業と（　　　）連携しなければならない」とあります。ここから、「幅広く」を意味する (A) を選ぶと文意が通り正解となります。連携する、と親和性のある (B)、(D) は重複する意味となるのでここで用いることはできません。(C) は意味的に当てはまらず不正解です。

⤷ ワンポイント

Chapter 2 でも登場しましたが (p.163)、ここでは collaborate closely with、と closely を入れても「密接に、緊密に」という意味で正解になります。副詞を入れる場合は、なんとなく日本語訳で入りそうだ、というより、動詞のもつ意味との相性（＝コロケーション）により当てはめる、という表現が多くありますので、コロケーションとなりそうな組み合わせを覚えていくようにしましょう。

語句
□ generation 世代　□ automaker 自動車メーカー
□ tech company テクノロジー（高い技術を売りにする）企業

26. The directory for clients should not be ------- accessible to everyone and must be stored securely if we wish to maintain our customers' trust.

顧客の信頼維持を望むのであれば、顧客名簿は誰でも容易にアクセスできるようにせず、安全に保管されなければなりません。

(A) readying
(B) readied
(C) readiness
(D) readily

(A) 準備している
(B) 準備された
(C) 準備ができていること
(D) 容易に

正解 **D**

タイプ **文法問題　品詞** 5-10 seconds

解説

選択肢には、ready が形を変えて並んでいます。空所前後を見ると、空所は be 動詞と形容詞 accessible の間に入っており、空所がなくても文自体は完成していることがわかります。以上から、副詞として形容詞を修飾できる (D) が正解となります。ここでの readily は「容易に」という意味です。

➡ワンポイント

readily は他に available, accessible と親和性があり、「容易に入手可能、アクセス可能」という意味になる頻出のコロケーションです。

語句
□ directory　名簿、住所録　□ store　〜を保管する
□ maintain　〜を維持する　□ trust　信頼

27. The government upheld ------- promise to support the initiative, despite opposition from some members of the public.

国民の一部からの反対はありますが、政府は主導権を支持するその約束を守りました。

(A) it's
(B) itself
(C) its
(D) it

(A) それは
(B) それ自身
(C) その
(D) それ

正解 **C**

タイプ **文法問題　代名詞** ⏱15 seconds

解説

選択肢には、代名詞 it が形を変えて並んでいます。空所前後を見ると、空所前には他動詞として「～を支持する」を意味する uphold の過去形、空所後には可算名詞の promise があります。ここから promise を名詞として成立させる冠詞もしくは代名詞の所有格が必要となりますので、その成立条件を満たす (C) が正解です。

⟳ワンポイント

代名詞の問題は、文法的な理屈で必ず解けます。今回は所有格だったので比較的易しい問題ですが、形式的な it や再帰代名詞の itself 等、どういう場面で何が入るかわからない場合は今一度復習しておきましょう。たとえば、今回の問題文で promise がなければ目的格の代名詞で it が入ったかもしれませんし、空所が The government と upheld の間にあれば主語を強調するために再帰代名詞として itself が入ったかもしれない、等です。

語句
□ uphold ～を支持する　□ initiative 主導権、イニシアチブ
□ opposition 反対

28. Next year the accounting department will introduce a new automated marketing system, which ------- customers based on their shopping history.

来年、経理部は新たな自動マーケティングシステムを導入しますが、それは購入履歴に基づいて顧客を識別するものです。

(A) identifying	(A) 識別している
(B) identified	(B) ～を識別した
(C) identifies	(C) ～を識別する
(D) identify	(D) ～を識別する

正解 C

タイプ 文法問題 動詞の形 (15 seconds)

解説

選択肢には、動詞 identify が形を変えて並んでいます。空所前後を見ると、空所前には名詞句 a new automated marketing system、カンマ、そして which、空所後には identify の目的語の customers があります。次にこの文は、文頭に Next year、述語動詞に will introduce と、未来の時制を取っていることがわかります。さらに、主格関係詞 which の先行詞は a new automated system で 3 人称単数です。以上より、正解は (C) となります。今回は、(A) 以外は文法的に入りそうでしたが、未来時制＋3人称単数という絞り込みがカギでした。

⏵ワンポイント

もし which がない文であれば (A) identifying が正解です。which identifies customers の which identifies は、and it identifies に置き換えることができますので、この and it を省略する代わりにカンマと分詞構文でつなぐ、という観点で考えると、(A) を当てはめることができます。このように間違いの選択肢はどうすれば当てはめられるか、と考えると文法の幅が広がりますよ。

┌─ **語句** ─────────────────────────────────┐
 □ automated marketing system 自動マーケティングシステム
 □ shopping history 購入履歴
└──────────────────────────────────────┘

29. Rather than relying on international supply chains, LTS Inc. decided to promote the ------- utilization of locally sourced materials.

国際的なサプライチェーンに頼るよりも、LTS 社は地元産の材料の持続可能な利用を推進することに決めました。

(A) sustainability
(B) sustainable
(C) sustaining
(D) sustain

(A) 持続可能性
(B) 持続可能な
(C) 耐えられる、支える
(D) ～を持続する

正解 **B**

タイプ **文法＋語彙問題　品詞** (30 seconds)

解説

選択肢には、動詞 sustain が形を変えて並んでいます。空所前後は冠詞と名詞となっているため、空所は名詞を修飾する形容詞が入ることがわかります。(B)、(C) が形容詞のため、意味を取っていくと、「LTS 社は地元産の材料の（　　　）な利用を推進することに決めた」とありますので、「持続可能な」という意味の (B) が正解となります。(C) は支える、耐久性のあるという意味で文意に合わないため不正解となります。

⊙ワンポイント

SDGs（Sustainable Development Goals：持続可能な開発目標）という表現は最近よく耳にすると思いますが、今回の選択肢がまさしくそれです。sustainable= 持続可能な、とは現在、将来のニーズも含めて利用し続けられる状態（長年にわたり材料が枯渇せず、かつ豊かに生活できる状態）を作っていくという意味で、時事的にも狙われやすい語の 1 つかと思います。

30. The board of directors has imposed a reporting ------- stating that employees must submit their work for approval before publishing.

取締役会は、従業員は出版前に作品を提出して承認を求めなければならないと明記した報告必須要件を課しました。

(A) require
(B) requires
(C) required
(D) requirement

(A) ～を必要とする
(B) ～を要求する
(C) 必須の
(D) 必須要件

正解 **D**

タイプ **文法問題　品詞** (5-10 seconds)

解説

選択肢には、require が形を変えて並んでいます。空所前は a reporting「報告」という語があり、空所後には stating that～「～と明記した」と空所前を修飾するような表現があります。つまり空所には、名詞 reporting と結びついて、かつ現在分詞 stating に修飾されるような表現が必要だとわかりますので、（D）の名詞形を選び、「報告の必須要件」と複合名詞にすると文法的に成立します。以上より、正解は（D）となります。

⭕ワンポイント

今回は、空所前が a reporting と名詞に見えますので、空所は（B)、(C) も述語動詞や分詞として候補に挙がりますが、この問題は空所後が stating that...となっていることからこの修飾の関係も見抜く必要があります。加えて、この that 節の SV の中に must が使われているところにも、「必須要件」という複合名詞を作るという根拠が伺えます。なお複合名詞は、どの名詞もくっつけていいというわけではなく、reporting（報告）と requirement（必要要件）のように相反するものではない組み合わせでセットフレーズとして成り立つものが前提となります。

※簡単な例：baseball player ➡ OK

man woman ➡ NG

(男性と女性は相反するもののため男性の女性とはならない。この場合は and や or、the man's のように補う必要あり。)

語句

□ impose ～を課す □ reporting 報告、報道 □ state ～と述べる
□ work 作品 □ approval 承認 □ before publishing 出版前

No.1
Questions 1-4 refer to the following letter.

Ms. S. Calpine
Apartment 5A, Renwick Bldg.
90 Garland Drive
Orlando, FL 49510

Dear Ms. Calpine,

We are writing concerning the monthly rental of a parking space in our lot on West Nile Street. The contract will begin on April 1 on the condition that we have received the enclosed ------- **1.** document, signed by you. Please ensure you post it no later than March 20. If it ------- **2.** to arrive by then, the space may be offered to the next person on our waiting list.

Please make your first month's payment ------- **3.** to a member of staff at the parking lot on April 1. They will advise you on setting up a recurring bank transfer. -------. **4.**

Thank you for your patronage. We look forward to serving you.

Sincerely,

Frederick Morely
Customer Services Manager, OK23 Parking, Inc.

問題 1-4 は次の手紙に関するものです。

49510 フロリダ州オーランド
ガーランドドライブ 90 番地
レンウィックビル、5A 号室
S. カルパイン様

カルパイン様、

ウエスト・ナイル通りの当社敷地内駐車スペースの月極レンタルに関して手紙を差し上げます。お客様が署名した同封の確認書類を当社が受け取っているという条件で、本契約は 4 月 1 日に開始します。3 月 20 日を期限として必ず書類を投函してください。その時までに書類が到着しない場合、そのスペースは順番待ちリストの次の方へ提供される可能性があります。

4 月 1 日に駐車場で従業員に直接、初月の支払いをしてください。（その後）繰り返し行われる銀行振替の設定について従業員が助言いたします。これは 5 月から有効になるはずです。

ご愛顧ありがとうございます。当店のご利用をよろしくお願いいたします。

敬具

OK23 駐車場、顧客サービスマネージャー
フレデリック・モーリー

語句
- concerning ～に関して　□ lot 区画　□ contract 契約
- condition 条件　□ enclosed 同封された
- no later than 遅くても～まで　□ waiting list 順番待ちリスト
- recurring 繰り返し行われる　□ bank transfer 銀行振替
- patronage ご愛顧
- Sincerely 敬具、よろしくお願いします（文末の定型表現）

1. (A) confirmation
(B) photographic
(C) technical
(D) marketing

（A）確認
（B）写真の
（C）産業技術の
（D）マーケティング

正解　**A**

タイプ　**語彙問題（独立型）** (10 seconds)

解説

選択肢には意味の異なる名詞、形容詞が並んでいますので、語彙問題です。空所を含む文は、「お客様が署名した同封の　（　　　）　書類を当社が受け取っているという条件で、本契約が開始する」とあります。ここから、お客様が内容を確認し署名する性質の文書だということがわかりますので、空所には（A）が入ります。"confirmation document" で確認書類という意味になります。名詞が2語並んでおり、違和感のある方もいるかもしれませんが、名詞が名詞を修飾して1つの意味になっていることにも注目しておきましょう。これを複合名詞といいます。confirmation は confirmation number「確認番号」等、複合名詞になりやすいタイプの語です。

2. (A) is failing
(B) can fail
(C) fails
(D) will fail

(A) 失敗している
(B) 失敗する可能性がある
(C) 失敗する
(D) 失敗する

正解 **C**

タイプ **文法問題（独立型）** 10 seconds

解説

選択肢には動詞 fail の形が異なるものが並んでいます。空所を含む文を読むと、"If it (　　　) to arrive by then, the space may be offered... ." と時や条件を表す副詞節として if が用いられています。この場合は、文法のルールとして原則動詞の現在形を使うことになりますので、正解は（C）です。If 節の場合、副詞節（動詞の現在形）か仮定法（were, もしくは had 過去分詞）のいずれかが来る、と思って英文を読んでいけば、おおよそ絞り込むことができます。

3. (A) smoothly

(B) closely

(C) quickly

(D) directly

(A) 円滑に

(B) 接近して

(C) 速く

(D) 直接

正解 **D**

タイプ **語彙問題（文脈型）** (25 seconds)

解説

選択肢には意味の異なる副詞が並んでいます。副詞の場合はどれも空所に当てはまる可能性がありますので、空所の前後を見ていきましょう。空所を含む文を含めた段落を読むと、「4月1日に駐車場で従業員に（　　　）初月の支払いをしてください。（その後）繰り返し行われる銀行振替設定について従業員が助言する」とあるので、最初の月は従業員に直接、その後は銀行振替で、ということがわかります。ここから正解は（D）となります。副詞を文脈で選ぶ場合は、文の前後の手がかりをしっかりつかみましょう。

4. (A) Unfortunately, there is currently some construction work at the lot.

(B) This should take effect starting from May.

(C) Other cars may be allowed to use your space at that time.

(D) Information on promotional discounts will be sent via e-mail.

(A) 残念ながら、駐車場では現在建設作業が行われています。

(B) これは 5 月から有効になるはずです。

(C) その時間帯は他の車両がお客様のスペースの利用を認められる場合があります。

(D) 販売促進割引に関する情報が E メールで送付されるでしょう。

正解 B

タイプ 文選択問題（文脈型） 60 seconds

解説

空所は、文選択問題となっています。空所前を見ていくと、「4 月 1 日に駐車場で従業員に直接、初月の支払いをしてください。（その後）繰り返し行われる銀行振替の設定について従業員が助言する」とありますので、ここから、銀行振替は最初の支払いを終えた翌月、つまり 5 月から有効になる、というのがわかります。よってこの銀行振替を "this" に置き換えた (B) が正解となります。(A) 建設作業 (C) 時間帯 (D) 販売促進割引に関しては、今までの文脈で登場してこないため、文意が合わず、いずれも不正解となります。

語句

□ unfortunately 残念ながら　□ construction work 建設工事

□ take effect 有効となる、効力を発揮する

□ promotional discount 販売促進割引　□ via 〜経由で

よりぬき！テスト

解説

概要・攻略法

トレーニング

問題

解説

確認テスト

解説

No.2

Questions 5-8 refer to the following announcement.

Martyn Willis, CEO of Katzen Pet Retail, will leave the company in April. As the head of Ireland's largest pet store chain, he ------- a

5.

successful rebranding and strong growth. The board and employees are extremely grateful for his hard work. We all wish him an enjoyable retirement.

Mr. Willis' ------- will be Karen Sonders. -------. Ms. Sonders has

6.   **7.**

worked in upper manageent of Katzen for over seven years and has ------- excellent business skills and judgment in that time. The

8.

company looks forward to her leading it to further success.

問題 5-8 は次の案内に関するものです。

カッツェン・ペット小売店の CEO であるマーティン・ウィリスが 4 月に退社します。アイルランドのペットショップ最大手チェーンの代表として、彼はブランド再構築の成功と力強い成長を監督してきました。取締役員および従業員は彼の勤労に大いに感謝しています。退職後の生活も楽しいものとなりますよう、私ども一同お祈り申し上げます。

ウィリス氏の後任はカレン・サンダース氏となります。これは様々な候補者を考慮した後に決定されました。サンダース氏はカッツェンの上層部で 7 年以上勤務され、その間、優れたビジネススキルと判断力を発揮されました。彼女がさらなる成功へと弊社を導いてくれることを期待しています。

語句
- [ ] store chain チェーン店　[ ] rebranding ブランド再構築　[ ] growth 成長
- [ ] the board 役員　[ ] extremely とても、きわめて　[ ] grateful うれしい
- [ ] enjoyable 楽しい、快活な　[ ] retirement 引退、勇退
- [ ] upper management 上層幹部　[ ] judgment 判断
- [ ] further success さらなる成功

5. (A) is overseeing
(B) oversees
(C) has overseen
(D) was overseen

(A) 監督している
(B) 監督する
(C) 監督してきた
(D) 監督された

正解 **C**

タイプ **文法問題（文脈型）** 25 seconds

解説

選択肢には動詞 oversee（〜を管理する、監督する）が異なる形で並んでいます。空所後に目的語があるため、能動態の（A）（B）（C）を当てはめることができるので、前後の文脈を取っていきましょう。冒頭の文と空所を含む文で「カッツェン・ペット小売店の CEO が退社する。彼はブランド再構築の成功と力強い成長を監督（　　）」とあります。ここから、退任する人のこれまでの功績を記載していることがわかるので、「これまで…してきた」という現在完了形の（C）が正解です。

6. (A) assistant
 (B) concierge
 (C) mentor
 (D) replacement

 (A) 助手
 (B) 案内人
 (C) 指導者
 (D) 後任

正解　**D**

タイプ　**語彙問題（文脈型）**

解説
選択肢には意味の異なる名詞が並んでいます。空所を含む文だけを見ると、すべての選択肢が当てはまりそうなので、前後の意味を見ていきましょう。空所を含む段落は、「（退任する CEO）ウィリス氏の（　　　）はカレン・サンダースです。（空所 7）。彼女は上層部で長期間勤務し、優れたビジネススキルと判断力を（空所 8）。彼女がさらなる成功へと弊社を導くことを期待する」とあります。途中空所がありますが、この段落全体を読むと、ウィリス氏の代わりに今後 CEO になる人だとわかるので、後任を意味する（D）が正解となります。

7. (A) We believe the both of them together will make an excellent team.

(B) This decision was made after considering a range of candidates.

(C) She will join the company at the end of March after initial training.

(D) Employees will have a chance to say goodbye at next week's meeting.

(A) 両者が協力して優れたチームになると私たちは信じています。

(B) これは様々な候補者を考慮した後に決定されました。

(C) 彼女は初期研修の後、3月末に当社に入社します。

(D) 従業員には来週の会議で別れを告げる機会があります。

正解 B

タイプ 文選択問題（文脈型）

解説

空所は、文選択問題となっています。空所前後を見ていくと、「(退任するCEO) ウィリス氏の後任はカレン・サンダースです。(　　　)。彼女は上層部で長期間勤務し、優れたビジネススキルと判断力を (空所8)。彼女がさらなる成功へと弊社を導くことを期待する」とあります。ここから、空所後には彼女を選定した理由が書いてありますので、決定までの経緯について述べている (B) が正解となります。(A) は、ウィリスさんは退社が決定しており、(C) はカレンさんはすでに入社歴があり、(D) はカレンさんの説明の文脈で、別れの機会、との文は唐突感があり、いずれも不正解となります。

語句

□ a range of 多様な〜　□ initial training 初期研修

8. (A) demonstrated
　　(B) examined
　　(C) allocated
　　(D) renovated

　　(A) 発揮した
　　(B) 調べた
　　(C) 配分した
　　(D) 修繕した

正解　**A**

タイプ　**語彙問題（独立型）**

解説

選択肢には意味の異なる動詞の過去形が並んでおり、語彙問題となっています。
空所を含む文を見ると、「彼女（カレン・サンダースさん）は上層部で長期間勤
務し、優れたビジネススキルと判断力を（　　　）」とあります。ビジネススキ
ルと判断力の両方を目的語にできるのは（A）となります。demonstrate は日
本語だと、実演販売する、というニュアンスがありますが、英語では「実際に
もっている力を示して見せる」という意味になります。今回の問題は迷った場
合、空所を含む文以外の箇所から文脈として解くこともできますが、2 つの目的
語から導く動詞は何か、と考えると独立型として解くことができます。

No.3

Questions 9-12 refer to the following notice.

This meeting room (Meeting Room C2) cannot be used without a reservation. One can be made by any employee by calling or visiting the ------- office. It is located on the third floor, and the
9.
contact number is Ext. 890. As Room C2 is equipped with a projector and screen, it ------- to be the most popular meeting
10.
room. -------, making a booking three days in advance is
11.
necessary. Please do not attempt to hold a meeting in here without permission even if the room is empty. ------- .
12.

問題 9-12 は次の通知に関するものです。

この会議室（会議室 C2）は予約なしに利用することはできません。従業員が管理事務所に電話をするかまたは訪問することで予約できます。事務所は 3 階にあり、連絡先の番号は内線 890 です。会議室 C2 にはプロジェクターとスクリーンが備えられているため、最も利用頻度の高い会議室である傾向にあります。通常は 3 日前に予約する必要があります。会議室が空いていたとしても許可なしにここで会議をしようとするのは止めてください。会議室の利用を計画している他の方に迷惑がかかる恐れがあります。

語句
□ located 位置している　□ contact number 連絡先の番号
□ in advance 事前に　□ necessary 必要である
□ attempt to ～するように試みる　□ permission 許可

9. (A) employment
  (B) publicity
  (C) administration
  (D) medical

  (A) 雇用
  (B) 広報
  (C) 管理
  (D) 診療

正解 **C**

タイプ 語彙問題（文脈型）25 seconds

解説

選択肢には意味の異なる名詞が並んでいます。空所前後は the （　　　） office となっており、どの名詞も当てはまる可能性があるので、文意を取っていきましょう。空所を含む文の前から見てみると、「会議室は予約なしに利用することはできない。従業員が（　　　）事務所に電話または訪問で予約可能」とあります。ここから会議室を管理している事務所であることがわかるので、（C）を入れて複合名詞 administration office とすると文意が通ります。

10. (A) tends
(B) tended
(C) is tending
(D) is tended

(A) 〜の傾向がある
(B) 〜の傾向があった
(C) 〜の傾向がある状態である
(D) 世話をされる

正解 **A**

タイプ **文法問題（独立型）** (10 seconds)

解説

選択肢には動詞 tend が形を変えて並んでいます。空所を含む文を見ると、「会議室にはプロジェクターとスクリーンがあるため、最も利用頻度の高い会議室である（　　　）」と、接続詞節の述語動詞から今現在の状況を示していることがわかるので、同じく現在形である（A）が正解となります。tend という動詞は、今現在の状態を示している動詞でもあるので、通常は進行形にはしないことも理解しておきましょう。

11. (A) Namely
    (B) Typically
    (C) Conversely
    (D) Similarly

    (A) すなわち
    (B) 通常は
    (C) 反対に
    (D) 同様に

正解 **B**

タイプ **語彙問題（文脈型）** 25 seconds

解説

選択肢には意味の異なる副詞が並んでいるので、空所を含む文の前後で意味を取っていきましょう。「会議室 C2 にはプロジェクターとスクリーンが備えられているため、最も利用頻度の高い会議室である傾向にある。→（　　　）3日前に予約する必要がある」という関係なので、会議室が人気だ⇒だから通常は3日前に予約が必要、という関係が成り立つため、人気があるから通常は、という「通常」を示す語が入ります。以上から（B）が正解です。（A）は「すなわち」と順接のような表現で正解にも思えますが、この語は前の表現を別の表現に言い換えたりする際に使う語で、ここでは文意が合わず、不正解となります。

12. (A) The correct safety clothing must be worn at all times.

    (B) This may cause inconvenience for others who plan to use it.

    (C) The items were recovered and returned to the owner.

    (D) Clients who wish to do so can use the equipment on this floor.

  (A) 常に適切な防護服を着用しなければなりません。

  (B) 会議室の利用を計画している他の方に迷惑がかかる恐れがあります。

  (C) その物品は回収され持ち主に返されました。

  (D) 希望するクライアントはこの階でその設備を利用することができます。

正解 B

タイプ 文選択問題（文脈型）

解説

空所は、文選択問題となっています。空所前を見ていくと、「通常は 3 日前に予約する必要がある⇒許可なしにここで会議をしようとするのは止めてほしい」とあります。ここから、このルールを守らなかった場合は、守って予約していた方に迷惑がかかることがわかりますので、それを表現した (B) が正解となります。(A) 防護服の着用 (B) 物品の回収、は文脈と合わず (D) は正解に見えますが、this floor が何階を示すか記載がないので（3 階という記載があるが、管理事務所）、不正解となります。

語句
- ☐ correct　正しい　☐ safety clothing　防護服　☐ at all times　常に、ずっと
- ☐ cause　〜の原因となる、〜を引き起こす　☐ inconvenience　不便
- ☐ recover　〜を回収する　☐ owner　所有者　☐ equipment　設備

マークシート

━━ Chapter 1 ━━

Part 5 　(学習日：　　　月　　　日／所要時間：　　分　　秒)

No.	ANSWER	🕐	No.	ANSWER	🕐	No.	ANSWER	🕐
1	Ⓐ Ⓑ Ⓒ Ⓓ	☐	11	Ⓐ Ⓑ Ⓒ Ⓓ	☐	21	Ⓐ Ⓑ Ⓒ Ⓓ	☐
2	Ⓐ Ⓑ Ⓒ Ⓓ	☐	12	Ⓐ Ⓑ Ⓒ Ⓓ	☐	22	Ⓐ Ⓑ Ⓒ Ⓓ	☐
3	Ⓐ Ⓑ Ⓒ Ⓓ	☐	13	Ⓐ Ⓑ Ⓒ Ⓓ	☐	23	Ⓐ Ⓑ Ⓒ Ⓓ	☐
4	Ⓐ Ⓑ Ⓒ Ⓓ	☐	14	Ⓐ Ⓑ Ⓒ Ⓓ	☐	24	Ⓐ Ⓑ Ⓒ Ⓓ	☐
5	Ⓐ Ⓑ Ⓒ Ⓓ	☐	15	Ⓐ Ⓑ Ⓒ Ⓓ	☐	25	Ⓐ Ⓑ Ⓒ Ⓓ	☐
6	Ⓐ Ⓑ Ⓒ Ⓓ	☐	16	Ⓐ Ⓑ Ⓒ Ⓓ	☐	26	Ⓐ Ⓑ Ⓒ Ⓓ	☐
7	Ⓐ Ⓑ Ⓒ Ⓓ	☐	17	Ⓐ Ⓑ Ⓒ Ⓓ	☐	27	Ⓐ Ⓑ Ⓒ Ⓓ	☐
8	Ⓐ Ⓑ Ⓒ Ⓓ	☐	18	Ⓐ Ⓑ Ⓒ Ⓓ	☐	28	Ⓐ Ⓑ Ⓒ Ⓓ	☐
9	Ⓐ Ⓑ Ⓒ Ⓓ	☐	19	Ⓐ Ⓑ Ⓒ Ⓓ	☐	29	Ⓐ Ⓑ Ⓒ Ⓓ	☐
10	Ⓐ Ⓑ Ⓒ Ⓓ	☐	20	Ⓐ Ⓑ Ⓒ Ⓓ	☐	30	Ⓐ Ⓑ Ⓒ Ⓓ	☐

Part 6 　(学習日：　　　月　　　日／所要時間：　　分　　秒)

No.	ANSWER	🕐	No.	ANSWER	🕐	No.	ANSWER	🕐
1	Ⓐ Ⓑ Ⓒ Ⓓ	☐	5	Ⓐ Ⓑ Ⓒ Ⓓ	☐	9	Ⓐ Ⓑ Ⓒ Ⓓ	☐
2	Ⓐ Ⓑ Ⓒ Ⓓ	☐	6	Ⓐ Ⓑ Ⓒ Ⓓ	☐	10	Ⓐ Ⓑ Ⓒ Ⓓ	☐
3	Ⓐ Ⓑ Ⓒ Ⓓ	☐	7	Ⓐ Ⓑ Ⓒ Ⓓ	☐	11	Ⓐ Ⓑ Ⓒ Ⓓ	☐
4	Ⓐ Ⓑ Ⓒ Ⓓ	☐	8	Ⓐ Ⓑ Ⓒ Ⓓ	☐	12	Ⓐ Ⓑ Ⓒ Ⓓ	☐

Chapter 2

Part 5　(学習日：　　月　　日／所要時間：　　分　　秒)

No.	ANSWER	⏱	No.	ANSWER	⏱	No.	ANSWER	⏱
1	Ⓐ Ⓑ Ⓒ Ⓓ	□	8	Ⓐ Ⓑ Ⓒ Ⓓ	□	15	Ⓐ Ⓑ Ⓒ Ⓓ	□
2	Ⓐ Ⓑ Ⓒ Ⓓ	□	9	Ⓐ Ⓑ Ⓒ Ⓓ	□	16	Ⓐ Ⓑ Ⓒ Ⓓ	□
3	Ⓐ Ⓑ Ⓒ Ⓓ	□	10	Ⓐ Ⓑ Ⓒ Ⓓ	□	17	Ⓐ Ⓑ Ⓒ Ⓓ	□
4	Ⓐ Ⓑ Ⓒ Ⓓ	□	11	Ⓐ Ⓑ Ⓒ Ⓓ	□	18	Ⓐ Ⓑ Ⓒ Ⓓ	□
5	Ⓐ Ⓑ Ⓒ Ⓓ	□	12	Ⓐ Ⓑ Ⓒ Ⓓ	□	19	Ⓐ Ⓑ Ⓒ Ⓓ	□
6	Ⓐ Ⓑ Ⓒ Ⓓ	□	13	Ⓐ Ⓑ Ⓒ Ⓓ	□	20	Ⓐ Ⓑ Ⓒ Ⓓ	□
7	Ⓐ Ⓑ Ⓒ Ⓓ	□	14	Ⓐ Ⓑ Ⓒ Ⓓ	□			

Part 6　(学習日：　　月　　日／所要時間：　　分　　秒)

No.	ANSWER	⏱	No.	ANSWER	⏱	No.	ANSWER	⏱
1	Ⓐ Ⓑ Ⓒ Ⓓ	□	5	Ⓐ Ⓑ Ⓒ Ⓓ	□	9	Ⓐ Ⓑ Ⓒ Ⓓ	□
2	Ⓐ Ⓑ Ⓒ Ⓓ	□	6	Ⓐ Ⓑ Ⓒ Ⓓ	□	10	Ⓐ Ⓑ Ⓒ Ⓓ	□
3	Ⓐ Ⓑ Ⓒ Ⓓ	□	7	Ⓐ Ⓑ Ⓒ Ⓓ	□	11	Ⓐ Ⓑ Ⓒ Ⓓ	□
4	Ⓐ Ⓑ Ⓒ Ⓓ	□	8	Ⓐ Ⓑ Ⓒ Ⓓ	□	12	Ⓐ Ⓑ Ⓒ Ⓓ	□

━━ Chapter 3 ━━

Part 5 　（学習日：　　月　　日／所要時間：　　分　　秒）

No.	ANSWER	🕐	No.	ANSWER	🕐	No.	ANSWER	🕐
1	Ⓐ Ⓑ Ⓒ Ⓓ	☐	11	Ⓐ Ⓑ Ⓒ Ⓓ	☐	21	Ⓐ Ⓑ Ⓒ Ⓓ	☐
2	Ⓐ Ⓑ Ⓒ Ⓓ	☐	12	Ⓐ Ⓑ Ⓒ Ⓓ	☐	22	Ⓐ Ⓑ Ⓒ Ⓓ	☐
3	Ⓐ Ⓑ Ⓒ Ⓓ	☐	13	Ⓐ Ⓑ Ⓒ Ⓓ	☐	23	Ⓐ Ⓑ Ⓒ Ⓓ	☐
4	Ⓐ Ⓑ Ⓒ Ⓓ	☐	14	Ⓐ Ⓑ Ⓒ Ⓓ	☐	24	Ⓐ Ⓑ Ⓒ Ⓓ	☐
5	Ⓐ Ⓑ Ⓒ Ⓓ	☐	15	Ⓐ Ⓑ Ⓒ Ⓓ	☐	25	Ⓐ Ⓑ Ⓒ Ⓓ	☐
6	Ⓐ Ⓑ Ⓒ Ⓓ	☐	16	Ⓐ Ⓑ Ⓒ Ⓓ	☐	26	Ⓐ Ⓑ Ⓒ Ⓓ	☐
7	Ⓐ Ⓑ Ⓒ Ⓓ	☐	17	Ⓐ Ⓑ Ⓒ Ⓓ	☐	27	Ⓐ Ⓑ Ⓒ Ⓓ	☐
8	Ⓐ Ⓑ Ⓒ Ⓓ	☐	18	Ⓐ Ⓑ Ⓒ Ⓓ	☐	28	Ⓐ Ⓑ Ⓒ Ⓓ	☐
9	Ⓐ Ⓑ Ⓒ Ⓓ	☐	19	Ⓐ Ⓑ Ⓒ Ⓓ	☐	29	Ⓐ Ⓑ Ⓒ Ⓓ	☐
10	Ⓐ Ⓑ Ⓒ Ⓓ	☐	20	Ⓐ Ⓑ Ⓒ Ⓓ	☐	30	Ⓐ Ⓑ Ⓒ Ⓓ	☐

Part 6 　（学習日：　　月　　日／所要時間：　　分　　秒）

No.	ANSWER	🕐	No.	ANSWER	🕐	No.	ANSWER	🕐
1	Ⓐ Ⓑ Ⓒ Ⓓ	☐	5	Ⓐ Ⓑ Ⓒ Ⓓ	☐	9	Ⓐ Ⓑ Ⓒ Ⓓ	☐
2	Ⓐ Ⓑ Ⓒ Ⓓ	☐	6	Ⓐ Ⓑ Ⓒ Ⓓ	☐	10	Ⓐ Ⓑ Ⓒ Ⓓ	☐
3	Ⓐ Ⓑ Ⓒ Ⓓ	☐	7	Ⓐ Ⓑ Ⓒ Ⓓ	☐	11	Ⓐ Ⓑ Ⓒ Ⓓ	☐
4	Ⓐ Ⓑ Ⓒ Ⓓ	☐	8	Ⓐ Ⓑ Ⓒ Ⓓ	☐	12	Ⓐ Ⓑ Ⓒ Ⓓ	☐

著者略歴

大里秀介（おおさと・しゅうすけ）

現役サラリーマン。東北大学農学部応用生物化学科卒業。TOEIC® L&Rテスト990点（満点）を50回以上取得。TOEIC® S&Wライティングテスト200点（満点）取得。

30歳になった2006年から英語学習を開始して、2007年に730点を突破、当時の社内選考でイギリス留学を経験する。2012年からカナダに駐在勤務し、北米間にまたがる大ビジネスプロジェクトをTOEIC®で磨いた英語力を駆使して成功に導く。

著書に、『3週間で攻略TOEIC® L&Rテスト900点！』（アルク）、『TOEIC® L&RテストPart 2応答問題 でる600問』（アスク出版）、「TOEIC® L&Rテスト 壁越えトレーニング」シリーズ（旺文社）、『極めろ！TOEIC® L&R TEST 990点 リーディング特訓』（スリーエーネットワーク）、『TOEIC® L&R TEST パート6特急 新形式ドリル』（朝日新聞出版）、『TOEIC®テスト新形式完全攻略模試』（学研プラス）、通信教育に「TOEIC® LISTENING AND READING TEST 完全攻略900点コース」（アルク）があり、監修した書籍も含めると累計20万部以上の実績を誇る。

Twitterアカウント：@ToeicTommy1

よりぬき！
TOEIC® L&Rテスト
飛躍のナビゲーター　Part 5-6

2020 年 9 月 26 日　初版　第 1 刷発行

著者	大里秀介
発行者	天谷修平
発行	株式会社オープンゲート
	〒 101-0051
	東京都千代田区神田神保町 2-14 SP 神保町ビル 5 階
	TEL：03-5213-4125　FAX：03-5213-4126
印刷・製本	株式会社光邦
装丁	株式会社鷗来堂（川口美紀）
本文デザイン・DTP	株式会社鷗来堂
問題作成	株式会社 CPI Japan
編集協力	渡邉真理子

ISBN 978-4-910265-04-9 Printed in Japan
©2020 Shusuke Osato